Dr. Ralf Kitzberger • Veranstaltungsrecht

Dr. Ralf Kitzberger

Veranstaltungsrecht

Musikmarkt Verlag

Impressum

Verlag: Musikmarkt GmbH & Co. KG, München

Druck: Vereinigte Verlagsanstalten GmbH Niederlassung Wesel Kommunikation

ISBN 3 9809540-3-X

Inhaltsverzeichnis

1 **Vorwort** ... 5

2 **Veranstaltungsagenturen und Rechtsformen** ... 7

2.1 Einführung ... 7

2.2 Die Wahl der Rechtsform ... 8

2.3 Die einzelnen Rechtsformen ... 9

2.3.1 Das Einzelunternehmen ... 9

2.3.2 Die Gesellschaft bürgerlichen Rechts (GbR) ... 10

2.3.3 Offene Handelsgesellschaft (OHG) ... 15

2.3.4 Die Kommanditgesellschaft (KG) ... 17

2.3.5 Gesellschaft mit beschränkter Haftung (GmbH) ... 20

2.3.6 GmbH & Co. KG ... 23

2.3.7 Aktiengesellschaft (AG) ... 25

2.3.8 Der eingetragene Verein (e.V.) ... 27

2.3.9 Partnerschaftsgesellschaft ... 29

3 **Veranstaltung und Vertrag** ... 33

3.1 Einführung in das Vertragsrecht ... 33

3.1.1 Vertragsschluss ... 33

3.1.2 Formvorschriften ... 35

3.1.3 Stellvertretung ... 37

3.1.4 Leistungsstörungen ... 39

3.1.5 Anpassung von Verträgen ... 41

3.1.6 Kündigung eines Dauerschuldverhältnisses aus wichtigem Grund ... 41

3.1.7 Anfechtung von Verträgen ... 42

3.1.8 Allgemeine Geschäftsbedingungen ... 43

3.1.9 Verjährung von Ansprüchen ... 48

3.2 Die wichtigsten Verträge im Veranstaltungsbereich ... 51

3.2.1 Künstlervermittlung ... 51

3.2.2 Veranstaltungsverträge ... 61

3.2.3 Zuschauer- oder Veranstaltungsbesuchervertrag ... 68

3.2.4 Locationverträge ... 71

3.2.5 Sponsoringvertrag ... 73

4 **Veranstaltung und Haftung** 77
4.1 Einleitung 77
4.2 Die unterschiedlichen Arten der Haftung bei Veranstaltungen 77
4.2.1 Vorvertragliche Haftung 77
4.2.2 Vertragliche Haftung 79
4.2.3 Haftung aus unerlaubter Handlung 80
4.3 Rechtsfolgen 82
4.4 Freizeichnung von vertraglicher und deliktischer Haftung 83
4.5 Strafrechtliche Verantwortlichkeit 84
5 **Wichtige presse- und rundfunkrechtliche Bestimmungen für die Durchführung von Veranstaltungen** 87
5.1 Einführung 87
5.2 Bestimmungen Presserecht 87
5.3 Möglichkeiten des Veranstalters sich gegen Presseberichterstattung zur Wehr zu setzen 87
5.3.1 Gegendarstellungsanspruch 87
5.3.2 Unterlassungsanspruch 88
5.3.3 Widerrufsanspruch 88
5.3.4 Zahlungsansprüche 89
5.4 Rundfunk- und Fernsehrecht 90
5.4.1 Rundfunkstaatsvertrag 90
5.4.2 Kurzberichterstattung 90
6 **Urheberrecht für Veranstalter** 94
6.1 Einführung 94
6.2 Schutzgegenstand 95
6.3 Rechtsinhaber 96
6.3.1 Urheber 96
6.3.2 Miturheber 97
6.3.3 Urheber verbundener Werke 98
6.3.4 Urheberbezeichnung 98
6.4 Inhalt des Urheberrechts 99
6.4.1 Urheberpersönlichkeitsrechte 99

6.4.2 Verwertungsrechte 100
6.5 Schranken des Urheberrechts 101
6.6 Leistungsschutzrechte 103
6.6.1 Schutz des ausübenden Künstlers und des Veranstalters 103
6.6.2 Zeitliche Schranke der Leistungsschutzrechte 105
6.7 Rechtsfolgen der Verletzung von Urheber- und Leistungsschutzrechten 105
7 Gesellschaft für musikalische Aufführungs- und mechanische Vervielvältigungsrechte (GEMA) 109
7.1 Einleitung 109
7.2 GEMA-Einwilligung 109
8 Schutz von Namen und Bezeichnungen – Kennzeichenrecht 112
8.1 Einführung 112
8.2 Namensrecht (§ 12 BGB) 112
8.2.1 Name und Wahlname 112
8.2.2 Wer wird geschützt? 113
8.2.3 Zeitliche Grenzen des Namensschutzes 113
8.2.4 Rechtsfolge bei Namensverletzungen 113
8.3 Schutz als geschäftliche Bezeichnung (§§ 5, 15 Markengesetz) 114
8.3.1 Unterscheidungskraft der geschäftlichen Bezeichnung . 114
8.3.2 Zeitliche Grenzen der geschäftlichen Bezeichnung 114
8.3.3 Räumliche Grenzen des Schutzes der geschäftlichen Bezeichnung 115
8.3.4 Rechtsfolgen bei der Verletzung der geschäftlichen Bezeichnung 115
8.3.5 Anspruchsvoraussetzungen 116
8.3.6 Gerichtliche Durchsetzung 117
8.4 Schutz eines Namens als eingetragene Marke (§ 4, 14 Markengesetz) 119
8.4.1 Vorteile der eingetragenen Marke 119
8.4.2 Absolute und relative Schutzhindernisse 119
8.4.3 Markenanmeldung 121

8.5 Schutz als Werktitel (§ 5 Abs. 3 Markengesetz) ... 122
8.5.1 Vorverlegung des Schutzes durch Titelschutzanzeigen ... 122
9 Das Recht am eigenen Bild ... 125
9.1 Grundsatz der Einwilligung (§ 22 S. 1 KUrhG) ... 125
9.2 Ausnahmen vom Grundsatz der Einwilligung (§ 23 I KUrhG) ... 125
9.3 Ausnahme von der Ausnahme (§ 23 KUrhG) ... 126
9.4 Rechtsfolgen bei Verletzung des Rechts am eigenen Bild ... 127
10 Veranstaltungen und Wettbewerbsrecht ... 129
10.1 Rechtsfolgen bei Wettbewerbsverstößen ... 129
11 Behördliche Anforderungen an Veranstaltungen ... 130
11.1 Einleitung ... 130
11.2 Baurecht ... 131
11.2.1 Baugenehmigung ... 131
11.2.2 Nutzungsgenehmigung ... 132
11.2.3 Versammlungsstättenverordnung (VStättVO) ... 132
11.3 Gewerbeordnung ... 133
11.4 Sondernutzungsgenehmigung ... 133
11.5 Straßenverkehrsordnung ... 133
11.6 Benutzung von Tongeräten und Verwendung von Livemusik ... 133
11.7 Gaststättengesetz ... 134
11.8 Versammlungsgesetz ... 134
11.9 Maßnahmen der Behörden bei fehlender Genehmigung ... 134
12 Künstlersozialversicherung ... 139
12.1 Einleitung ... 139
12.2 Der Kreis der Versicherten ... 139
12.3 Versicherungsfreiheit ... 140
12.4 Abgabepflichtige Unternehmen ... 141
12.4.1 Katalog- und „Nicht-Katalog“-Unternehmen ... 141
12.4.2 Bemessungsgrundlage ... 142
12.5 Rechtsschutz ... 143

1 Vorwort

Trotz der Kenntnis der insbesondere großen Unternehmen und Konzerne, dass Veranstaltungen als Mittel für Werbebotschaften verwendet werden können, hat sich überraschenderweise das Veranstaltungsrecht als eigenes Rechtsgebiet noch nicht vollständig etabliert. Gerade deswegen besteht die Notwendigkeit, dem Veranstaltungsmanager einen Überblick über die sich bei der Planung, Organisation und Durchführung von Veranstaltungen ergebenden Rechtsprobleme zu verschaffen. Diese reichen von der Wahl der Unternehmensform, behördlichen Anforderungen an Veranstaltungen, Veranstaltungsverträgen, Haftung des Veranstalters, Veranstaltungen und Medienrecht, Urheberrecht, Verwertungsgesellschaften, Kennzeichenrecht, Wettbewerbsrecht bis hin zur Künstlersozialversicherung.

Dieses Buch kann eine gezielte Beratung nicht ersetzen. Es soll Hinweise geben, was zu beachten ist und wie der Veranstalter seine eigenen Stärken und Schwächen erkennen und eventuell bestehende Lücken schließen kann.

Insbesondere soll ein Überblick über die folgenden Rechtsgebiete verschärft werden:

- Veranstaltungsagenturen und Rechtsform
- Veranstaltung und Vertrag
- Veranstaltung und Haftung
- Wichtige presse- und rundfunkrechtliche Bestimmungen für die Durchführung von Veranstaltungen
- Urheberrecht für Veranstalter
- Gesellschaft für musikalische Aufführungs- und mechanische Vervielfältigungsrechte
- Schutz von Namen und Bezeichnungen
- Kennzeichenrecht

- Das Recht am eigenen Bild
- Veranstaltungen und Wettbewerbsrecht
- Behördliche Anforderungen an Veranstaltungen
- Künstlersozialversicherung

Der Veranstalter soll durch praxisorientierte Checklisten und Kontrollfragen und Merksätze in die Lage versetzt werden, mögliche rechtliche Gefahrenquellen und Problemfelder bereits im Vorfeld von Veranstaltungen selbst zu überblicken, zu klären und gegebenenfalls weitere Hilfe in Anspruch zu nehmen.

Der besondere Dank gilt der ebam Business Akademie für Medien, Event und Kultur, die den Entstehungsprozess dieses Werkes geduldig und hilfsbereit begleitet hat. Weiterhin danke ich meiner Mitarbeiterin Vera Vetter für ihre außerordentliche Mithilfe.

2 Veranstaltungsagenturen und Rechtsformen

2.1 Einführung

An der Vorbereitung und Durchführung von Veranstaltungen sind in der überwiegenden Zahl der Fälle mehrere Mitwirkende beteiligt. Das ergibt sich bereits aus den zahlreichen Funktionen organisatorischer, finanzieller, wirtschaftlicher, technischer und künstlerischer Art, die bei der Durchführung einer Veranstaltung zu erfüllen sind. Die Veranstaltung als „Teamwork" erfordert Koordinierung und Organisation. Für die Veranstaltungsagentur, stellt sich in diesem Zusammenhang die Frage, inwieweit sie für die Risiken der Veranstaltung selbst haftet und welche Form für die Veranstaltungsagentur gewählt werden soll. Darüber hinaus ist es für den Veranstalter auch wichtig zu wissen, in welcher Rechtsform sein Vertragspartner organisiert ist und wie sein Vertragspartner vertreten wird.

Im wesentlichen handelt es sich um die folgenden Rechtsformen:

- Einzelunternehmen
- Gesellschaft bürgerlichen Rechts (GbR)
- Offene Handelsgesellschaft (OHG)
- Kommanditgesellschaft (KG)
- Gesellschaft mit beschränkter Haftung (GmbH)
- GmbH & Co. KG
- Aktiengesellschaft (AG)
- Eingetragener Verein (e.V.)
- Partnerschaftsgesellschaft

2.2 Die Wahl der Rechtsform

Weitreichende Konsequenzen hat die Wahl der Rechtsform für die Veranstaltungsagentur. Nachdem die Ideen und Ziele für die Veranstaltungsagentur festgelegt wurden, ist nach einer Rechtsform zu suchen, die dem Veranstaltungsunternehmen den optimalen strukturellen und rechtlichen Rahmen schafft.

Die Wahl der Rechtsform ist grundsätzlich abhängig von den Aufgaben, die an das Veranstaltungsunternehmen gestellt werden und die erfüllt werden müssen. Bei der Wahl der Rechtsform sind insbesondere folgende weitere Fragen zu berücksichtigen:

- Ist der Unternehmensgründer bereit das finanzielle Risiko persönlich zu tragen?
- Übersteigt das finanzielle Risiko die Möglichkeiten des Unternehmers?
- Was ist dem Unternehmer für sein unternehmerisches Handeln wichtig?
- Will der Unternehmer alleine entscheiden?
- Sollen Teampartner gleichberechtigt sein?
- Können die Unternehmensgründer das erforderliche Kapital alleine aufbringen oder benötigen die Unternehmensgründer Fremdkapital?

2.3 Die einzelnen Rechtsformen

2.3.1 Das Einzelunternehmen

Eine der einfachsten und auch häufig vorkommenden Rechtsformen für eine Veranstaltungsagentur ist die eines Einzelunternehmens.

2.3.1.1 Rechtliche Grundlagen

Die rechtlichen Grundlagen, nach denen sich die Rechtsform des Einzelunternehmens zu richten hat, sind das BGB und für Kaufleute das HGB. Das Einzelunternehmen kann von jedem Gewerbetreibenden gegründet werden.

2.3.1.2 Gründung

Die Gründung eines Einzelunternehmens beginnt bereits mit der Aufnahme der unternehmerischen Tätigkeit. Der Unternehmer wird dabei allein tätig. Für ein Einzelunternehmen ist ein gesetzlich festgelegtes Mindestkapital nicht erforderlich. Das Vermögen des Einzelunternehmens entsteht durch Einlagen, Entgelt und Sachwerte.

2.3.1.3 Leitung

Die Einzelunternehmung wird vom Unternehmer alleine geführt.

2.3.1.4 Haftung

Der Einzelunternehmer haftet mit seinem gesamten Vermögen persönlich, unmittelbar und unbeschränkt.

2.3.2 Die Gesellschaft bürgerlichen Rechts (GbR)

2.3.2.1 Rechtliche Grundlagen

Die rechtlichen Grundlagen für die Beurteilung einer GbR finden sich in §§ 705 ff BGB. Zur Gründung sind mindestens zwei Gesellschafter erforderlich. Die GbR ist die vertragliche Verbindung von mehreren Personen zur Förderung eines gemeinsamen Zwecks. Jeder erlaubte, dauernde oder vorübergehende Zweck kann Gegenstand einer GbR sein, wenn er auf Förderung durch vermögenswerte Leistungen gerichtet ist.

2.3.2.2 Gründung

Bei der Gründung einer GbR ist das Innenverhältnis und das Außenverhältnis voneinander zu unterscheiden.

Das Innenverhältnis bezeichnet dabei das Rechtsverhältnis zwischen den Gesellschaftern untereinander. Für das Rechtsverhältnis gegenüber Dritten trifft es dagegen keine Regelung. Diese Beziehung wird vielmehr durch das Außenverhältnis beschrieben.

In der Regel entsteht die Gesellschaft zunächst im Innenverhältnis. Die Gründung im Außenverhältnis fällt dagegen meist auf einen späteren Zeitpunkt, indem weitere Formalitäten vorgenommen werden. Neben der Gründung kann diese Unterscheidung auch für die Haftung der Gesellschafter Bedeutung erlangen. So kann im Einzelfall die Haftung grundsätzlich durch Einschränkung der Vertretungsmacht beschränkt werden. Ob solche Einschränkungen dann auch gegenüber Dritten durchgreifen, ist eine Frage des Außenverhältnisses.

Im Innenverhältnis entsteht die GbR durch formlosen Gesellschaftsvertrag, der die Erreichung eines gemeinsamen Zwecks zum Gegenstand hat. Ein schriftlicher Gesellschaftsvertrag ist nicht notwendig. Es empfiehlt sich aber zu Beweiszwecken die wesentlichen Regelungen in einem schriftlichen Gesellschaftsvertrag festzuhalten.

Im Außenverhältnis entsteht die GbR mit Aufnahme der Geschäftsbeziehungen namens und mit Vollmacht aller Gesellschafter. Ein gesetzlich festgelegtes Mindestkapital ist für die GbR ebenso wie für das Einzelunternehmen nicht erforderlich. Das Gesellschaftsvermögen entsteht durch Einlagen in Geld- und Sachwerte, aber auch die Dienstleistungen eines Gesellschafters können als Beitrag vereinbart werden.

2.3.2.3 Firma

Die GbR führt keine eigene Firma im Sinne des HGB. Die Gesellschafter treten unter ihrem eigenen Namen auf. Eine Namensbezeichnung oder Geschäftsbezeichnung ist allerdings zulässig, soweit nicht der Anschein einer Firma entsteht.

2.3.2.4 Rechtsfähigkeit

Die GbR ist grundsätzlich keine eigene Rechtspersönlichkeit, aber nach herrschender Auffassung, seit einer Entscheidung des Bundesgerichtshofes aus dem Jahr 2001 (BGH NJW 2001, Seite 1156) rechtsfähig, soweit sie als Außengesellschaft durch Teilnahme am Rechtsverkehr eigene Rechte und Pflichten begründet.

2.3.2.5 Leitung

Bei der Leitung der GbR ist die Geschäftsführung und die Vertretung zu unterscheiden.

Die Geschäftsführung betrifft die auf die Verwirklichung des Gesellschaftszweckes gerichtete Tätigkeit im Innenverhältnis. Die Vertretung hingegen betrifft die mit Dritten für die Gesellschaft getroffenen Vereinbarungen im Außenverhältnis.

Die Leitung der GbR erfolgt grundsätzlich durch gemeinschaftliche Geschäftsführung, das heißt mit Zustimmung aller Gesellschafter (§ 709 BGB). Abweichende Vereinbarungen sind zulässig. Fehlt eine gesonderte Vereinbarung, so folgt die Vertretungsbefugnis der Geschäftsführungsbefugnis.

2.3.2.6 Haftung

Die Gesellschafter haften neben dem Gesellschaftsvermögen persönlich unbeschränkt und unmittelbar als Gesamtschuldner, das heißt, die Gläubiger können von jedem Gesellschafter die Begleichung der gesamten Schuld verlangen. Der zahlende Gesellschafter hat dann lediglich einen Ausgleichsanspruch im Innenverhältnis gegen die anderen Gesellschafter.

Merken: Die Gründung einer GbR ist relativ einfach, insbesondere ist kein Mindestkapital oder ein schriftlicher Gesellschaftsvertrag notwendig. Dies sollte aber nicht dazu verleiten, die wichtigsten Bestimmungen nicht in einem schriftlichen Gesellschaftsvertrag, insbesondere zu Beweiszwecken festzuhalten. Der unkomplizierten Gründung steht die haftungsrechtliche Problematik entgegen, das heißt, dass jeder Gesellschafter mit seinem Privatvermögen auch als Gesamtschuldner haftet und lediglich im Innenverhältnis einen Regressanspruch gegen die übrigen Gesellschafter hat.

Checkliste

Formfreie Gründung möglich	❑
Kein Mindestkapital	❑
Haftung der Gesellschafter mit dem Gesellschafts- und dem Privatvermögen	❑
Geschäftsführung und Vertretung bedürfen in der Regel der Zustimmung aller Gesellschafter, sofern keine abweichende Vereinbarung getroffen wurde	❑
Die GbR ist rechtsfähig, soweit sie als Außengesellschaft durch Teilnahme am Rechtsverkehr eigene Rechte und Pflichten begründet	❑
Die GbR führt keine eigene Firma im Sinne des HGB, Namensbezeichnungen sind jedoch zulässig	❑

Checkliste

Parteien des Vertrages (wer sind die Gesellschafter der Veranstaltungsagentur?)	❑
Gegenstand des Vertrages (z.B.: Zweck der Gesellschaft ist die Durchführung von Veranstaltungen)	❑
Regelung über den Agenturnamen (z.B.: Wer darf den Agenturnamen weiterführen, wenn die Agentur aufgelöst wird?)	❑
Vertretung (wer ist berechtigt die Agentur zu vertreten?)	❑
Durchführung von Gesellschafterversammlungen (wer hat welches Stimmrecht?)	❑

Checkliste

Gewinn- und Verlustverteilung (prozentuale Verteilung der Gewinne und Verluste)	❑
Beiträge der einzelnen Agenturmitglieder (wer erbringt welche Leistungen für die Agentur?)	❑
Kündigung und Auflösung (mit welchen Fristen kann jemand aus der Agentur ausscheiden, steht einem ausscheidenden Gesellschafter eine Abfindung zu?)	❑
Schriftform (Änderungen und Ergänzungen des Gesellschaftsvertrages sollten nur schriftlich möglich sein)	❑
Anwendbares Recht (es sollte das deutsche Recht als anwendbares Recht vereinbart werden)	❑
Salvatorische Klausel (Regelungen, für den Fall, dass eine Klausel im Vertrag unwirksam oder unrichtig sein sollte, nicht der ganze Vertrag unwirksam ist)	❑

2.3.3 Offene Handelsgesellschaft (OHG)

2.3.3.1 Rechtliche Grundlagen

Die rechtlichen Grundlagen für die Beurteilung einer OHG finden sich in den §§ 150 – 160 HGB. Gemäß § 105 Abs. 2 HGB sind auch die gesetzlichen Bestimmungen über die GbR im BGB (§ 705 ff BGB) anwendbar. Eine Gesellschaft, deren Zweck auf den Betrieb eines Handelsgewerbes unter gemeinschaftlicher Firma gerichtet ist, ist eine OHG, wenn bei keinem der Gesellschafter die Haftung gegenüber den Gesellschaftsgläubigern beschränkt ist (§ 105 Abs. 1 HGB).

2.3.3.2 Gründung

Im Innenverhältnis entsteht die OHG durch formlosen Gesellschaftsvertrag, der auf den gemeinsamen Betrieb eines Handelsgewerbes gerichtet ist.

Im Außenverhältnis entsteht die OHG mit Aufnahme der Geschäfte namens und in Vollmacht aller Gesellschafter. Die Eintragung ins Handelsregister beim zuständigen Amtsgericht hat nur deklaratorische, das heißt rechtsbekundende Wirkung.
Ein gesetzlich festgelegtes Mindestkapital ist nicht erforderlich.

2.3.3.3 Firma

Es gilt hier das allgemeine Firmenrecht der §§ 17 ff HGB, das heißt es kann eine Personen-, Sach- oder eine Fantasiefirma gewählt werden. Sie darf jedoch nicht irreführend sein.

2.3.3.4 Rechtsfähigkeit

Die Gesellschaft kann unter ihrer Firma Rechte erwerben, verpflichtet werden, klagen und verklagt werden.

2.3.3.5 Leitung

Die Geschäftsführungsbefugnis und ein Widerspruchsrecht gegen die Geschäftsführung der übrigen Gesellschafter steht jedem Gesellschafter zu. Abweichende Vereinbarungen sind möglich. Zudem bestehen verschiedene Informationsrechte.

Jeder Gesellschafter ist zur Vertretung berechtigt. Abweichende Vereinbarungen hinsichtlich der Vertretungsberechtigten Personenkreise sind möglich und ins Handelsregister einzutragen.

2.3.3.6 Haftung

Die Gesellschafter haften mit dem Gesellschaftsvermögen persönlich, unbeschränkt und unmittelbar als Gesamtschuldner. Die Haftung eines ausgeschiedenen Gesellschafters bleibt noch bis zu fünf Jahre nach seinem Ausscheiden für bis zu seinem Ausscheiden begründete Verbindlichkeiten bestehen (§ 160 HGB).

☒ **Merken: Die OHG wird zum Betrieb eines Handelsgewerbes errichtet. Die OHG kann unter ihrer Firma klagen und verklagt werden, Rechte erwerben und verpflichtet werden. Die Gesellschafter haften auch mit ihrem Privatvermögen.**

2.3.4 Die Kommanditgesellschaft (KG)

2.3.4.1 Rechtliche Grundlagen

Die rechtlichen Grundlagen finden sich in §§ 161 – 177 HGB. Über § 161 Abs. 2 HGB kommen auch die Vorschriften für die OHG zur Anwendung. Ergänzend gelten die §§ 705 ff BGB (§§ 161 Abs. 2 HGB in Verbindung mit § 105 Abs. 2 HGB).

2.3.4.2 Gründung

Im Innenverhältnis entsteht die KG durch formlosen Gesellschaftsvertrag, der auf den gemeinsamen Betrieb eines Handelsgewerbes gerichtet ist und für einen Teil der Gesellschafter (den sogenannten Kommanditisten) eine Beschränkung der Haftung auf eine der Höhe nach vereinbarten Einlage vorsieht. Gesellschafter ohne Haftungsbeschränkungen sind die sogenannten Komplementäre.

Im Außenverhältnis entsteht die KG mit Aufnahme der Geschäfte namens und in Vollmacht aller Gesellschafter. Die Eintragung in das Handelsregister beim zuständigen Amtsgericht hat nur deklaratorische Wirkung.

Ein gesetzlich festgelegtes Mindestkapital ist nicht erforderlich.

2.3.4.3 Firma

Es gilt das allgemeine Firmenrecht des HGB, das heißt, es kann eine Personen-, Sach- oder Fantasiefirma gewählt werden, die nicht irreführend sein darf. Zusätzlich ist die Bezeichnung Kommanditgesellschaft oder Abkürzung KG erforderlich.

2.3.4.4 Rechtsfähigkeit

Die KG ist rechtsfähig, das heißt die Gesellschaft kann unter ihrer Firma Rechte erwerben, verpflichtet werden, klagen und verklagt werden.

2.3.4.5 Leitung

Jedem Komplementär steht die Geschäftsführungsbefugnis und ein Widerspruchsrecht gegen die Geschäftsführung anderer Komplementäre zu. Abweichende Vereinbarungen zur Geschäftsführung sind möglich. Kommanditisten sind weder geschäftsführungsbefugt noch steht ihnen im Rahmen der gewöhnlichen Geschäftsführung ein Widerspruchsrecht zu.

Jeder Komplementär ist vertretungsberechtigt. Eine abweichende Vereinbarung hinsichtlich des vertretungsberechtigten Personenkreises ist möglich und ins Handelsregister einzutragen.

2.3.4.6 Haftung

Die Komplementäre haften neben dem Gesellschaftsvermögen persönlich, unbeschränkt und unmittelbar als Gesamtschuldner. Kommanditisten haften Dritten gegenüber bis zur Höhe ihrer eingetragenen Hafteinlage unmittelbar. Haben sie aber bereits eine Einlage, die in ihrem Wert der Hafteinlage entspricht, geleistet, so haften sie darüber hinaus nicht unmittelbar.

Merken: Die Kommanditgesellschaft ist eine vertragliche Vereinbarung von mindestens zwei Gesellschaftern, die unter einer gemeinsamen Firma ein Handelsgewerbe betreiben. Die Kommanditgesellschaft kann unter ihrer Firma Rechte erwerben, verpflichtet werden, verklagen und verklagt werden. Die Kommanditgesellschaft besteht aus Komplementären und Kommanditisten. Die Komplementäre haften neben der Gesellschaft auch mit ihrem Privatvermögen. Die Kommanditisten haften lediglich bis zur Höhe ihrer Einlage unmittelbar. Durch die Aufnahme von Kommanditisten kann die Kapitalbasis erweitert werden, ohne diesen Geschäftsführungs- und Vertretungsbefugnisse einzuräumen.

2.3.5 Gesellschaft mit beschränkter Haftung (GmbH)

2.3.5.1 Rechtliche Grundlagen

Die rechtlichen Grundlagen für die Beurteilung einer GmbH finden sich im GmbH-Gesetz (GmbHG). Eine GmbH kann zu jedem gesetzlich zulässigen Zweck durch eine oder mehrere Personen errichtet werden. Die Gesellschafterversammlung ist die Versammlung der Gesellschafter und das oberste Organ der GmbH.

2.3.5.2 Gründung

Für die Gründung einer GmbH ist ein Gesellschaftsvertrag in notarieller Form notwendig, der von den Gesellschaftern zu unterzeichnen ist und insbesondere folgendes enthalten muss:

- Gegenstand des Unternehmens
- Firma und Sitz der Gesellschaft
- Betrag des Stammkapitals
- Betrag der von jedem Gesellschafter auf das Stammkapital zu leistenden Einlage (Stammeinlage)

Das Stammkapital muss mindestens 25.000,00 € betragen. Die Höhe der Stammeinlagen der einzelnen Gesellschafter darf nicht unter 100,00 € liegen. Die Stammeinlagen können in Form von Geld- oder Sachleistungen erbracht werden. Bei Geldleistungen muss mindestens die Hälfte des Stammkapitals einbezahlt werden. Sachleistungen müssen voll erbracht werden. Die Gründung ist auch durch einen einzelnen Gesellschafter möglich (sogenannte Einmann-GmbH).

2.3.5.3 Firma

Es gilt das allgemeine Firmenrecht, das heißt, es kann eine Personen-, Sach- oder Fantasiefirma gewählt werden, die nicht irreführend ist. Zudem muss die Firma stets den Zusatz Gesellschaft mit beschränkter Haftung oder GmbH enthalten.

2.3.5.4 Rechtsfähigkeit

Die GmbH erlangt Rechtsfähigkeit mit Eintragung ins Handelsregister, das heißt sie kann unter ihrer Firma Rechte erwerben, verpflichtet werden, klagen und verklagt werden.

2.3.5.5 Leitung

Die Leitung der GmbH erfolgt durch die Geschäftsführer. Die Geschäftsführung und Vertretung obliegt den durch Gesellschafterbeschluss oder -vertrag bestellten Geschäftsführern, die nicht zwingend Gesellschafter sein müssen. Bei mehreren Geschäftsführern gilt grundsätzlich Gesamtgeschäftsführungs- und Gesamtvertretungsbefugnis. Einzelne Geschäftsführungs- und Einzelvertretungsbefugnis kann vereinbart werden und ist ins Handelsregister einzutragen.

Die Gesellschafter fassen ihre Beschlüsse in der Gesellschafterversammlung. Jeder Gesellschafter hat ein Anrecht entsprechend seiner Kapitalbeteiligung. Als oberstes Gesellschaftsorgan übt die Gesellschafterversammlung die Kontrolle über die Geschäftsführung aus und stellt den Jahresabschluss fest. Die Befugnisse der Gesellschafter ergeben sich aus dem GmbH-Gesetz und dem Gesellschaftsvertrag.

2.3.5.6 Haftung

Bei der GmbH haftet den Gläubigern grundsätzlich nur das Gesellschaftsvermögen. Eine Haftung des einzelnen Gesellschafters für Verbindlichkeiten der GmbH ist ausgeschlossen.

Gesellschaft mit beschränkter Haftung bedeutet jedoch nicht, dass die Haftung nur auf die Höhe des Stammkapitals beschränkt ist, sondern, dass auch das gesamte Gesellschaftsvermögen zum Beispiel Grundstücke etc. haftet, allerdings auch nur das Gesellschaftsvermögen und nicht die Gesellschafter mit ihrem Privatvermögen.

☒ **Merken: Zur Gründung einer GmbH ist ein Gesellschaftsvertrag in notarieller Form notwendig. Zur Gründung einer GmbH muss Stammkapital vorhanden sein. Das Stammkapital kann durch Geldleistungen oder Sachleistungen erbracht werden.**

Für Verbindlichkeiten der GmbH haftet grundsätzlich nur das Gesellschaftsvermögen und nicht die Gesellschafter mit ihrem Privatvermögen.

In der Praxis wird die GmbH insbesondere dann gern gewählt, wenn die Werte der Aufträge Beträge erreicht haben, für die man nicht mehr mit dem Privatvermögen haften möchte und das Risiko kalkulierbarer werden soll.

2.3.6 GmbH & Co. KG

2.3.6.1 Rechtliche Grundlagen

Spezielle gesetzliche Regelungen für die GmbH & Co. KG gibt es nicht. Letztendlich ist die GmbH & Co. KG eine Kommanditgesellschaft, deren Komplementärin eine Gesellschaft mit beschränkter Haftung ist.

Die rechtlichen Grundlagen für die GmbH & Co. KG finden sich daher sowohl in den Vorschriften des BGB (§§ 705 f BGB), dem HGB (§§ 161 f, 105 f HGB) sowie dem GmbH-Gesetz.

2.3.6.2 Gründung

Bei der Gründung der GmbH & Co. KG ist zu berücksichtigen, dass es sich um eine „Mischform" von zwei Gesellschaftsformen, nämlich der KG und der GmbH handelt. Das bedeutet, dass für die Gründung der GmbH die Gründungserfordernisse der GmbH zu berücksichtigen sind, zum Beispiel notarielle Form etc., während hingegen die KG formfrei gegründet werden kann.

2.3.6.3 Leitung

Die GmbH als Komplementärin der KG ist gleichzeitig zur Geschäftsführung und Vertretung der KG befugt. Die Geschäftsführungs- und Vertretungsbefugnisse werden von dem Geschäftsführer der GmbH wahrgenommen.

2.3.6.4 Haftung

Nachdem es sich bei der GmbH & Co. KG um eine Kommanditgesellschaft handelt, deren Komplementärin die GmbH ist, haftet für die Verbindlichkeiten der GmbH & Co. KG die GmbH. Durch diese Konstellation muss keine natürliche Person mehr unbeschränkt haften.

Merken: Bei der GmbH & Co. KG handelt es sich um eine Kommanditgesellschaft, deren Komplementär eine GmbH ist. Die Haftung der Verbindlichkeit der GmbH & Co. KG trifft die GmbH als Komplementärin. Durch die Beschränkung der Haftung auf die GmbH besteht die Gefahr, dass Geschäftspartner kein großes Vertrauen in die Unternehmung setzen.

2.3.7 Aktiengesellschaft (AG)

2.3.7.1 Rechtliche Grundlagen

Die wesentlichen rechtlichen Grundlagen befinden sich für die AG im Aktiengesetz. Die Aktiengesellschaft ist gemäß § 1 Aktiengesetz eine Gesellschaft mit eigener Rechtspersönlichkeit und einem auf Aktien verteilten Grundkapital, für deren Verbindlichkeiten den Gläubigern nur das Gesellschaftsvermögen haftet.

2.3.7.2 Gründung

Bei der Gründung einer AG muss die Satzung in notariell beurkundeter Form festgestellt werden. Es müssen eine oder mehrere Personen an der Feststellung des Gesellschaftsvertrages mitwirken und die Aktien gegen Einlage übernehmen (§ 2 Aktiengesetz). Der Mindestnennbetrag des Grundkapitals einer AG muss 50.000,00 € betragen (§§ 6, 7 Aktiengesetz). Weiteres Erfordernis einer Aktiengesellschaft ist die Einrichtung eines Aufsichtsrates (§ 95 Aktiengesetz).

2.3.7.3 Firma

Es gilt das allgemeine Firmenrecht, das heißt, es kann eine Personen-, Sach- oder Fantasiefirma gewählt werden, die nicht irreführend ist. Es muss stets der Zusatz Aktiengesellschaft bzw. die entsprechende Abkürzung geführt werden.

2.3.7.4 Rechtsfähigkeit

Die Rechtsfähigkeit der Aktiengesellschaft entsteht mit Eintragung ins Handelsregister.

2.3.7.5 Leitung

Dem Vorstand obliegt Geschäftsführung und Vertretung. Der Vorstand wird vom Aufsichtsrat bestellt. Es gilt grundsätzlich Gesamtgeschäftsführungs- und Gesamtvertretungsbefugnis. Eine abweichende Vereinbarung ist möglich und in das Handelsregister einzutragen. Der Vorstand hat dem Aufsichtsrat zu berichten und einen Jahresabschluss zur Feststellung vorzulegen.

Die Aktionäre üben ihre Rechte in der Hauptversammlung aus. Jeder Aktionär hat ein Stimmrecht, entsprechend seiner Kapitalbeteiligung sowie bestimmte Auskunftsrechte. Die Hauptversammlung ist für die Entlastung der Vorstands- und Aufsichtsratsmitglieder zuständig.

Die Hauptaufgabe des Aufsichtsrates ist die laufende Überwachung der Geschäftsführung. Dem Aufsichtsrat obliegt es über die Billigung des Jahresabschlusses zu entscheiden.

2.3.7.6 Haftung

Die Haftung ist auf das Gesellschaftsvermögen beschränkt.

Merken: Die Erforderlichkeit eines Aufsichtsrates und der enorme Gründungsaufwand kann für kleinere Veranstalter nicht empfohlen werden.

2.3.8 Der eingetragene Verein (e.V.)

2.3.8.1 Rechtliche Grundlagen

Die Regelungen für den eingetragenen Verein finden sich in den §§ 21 ff BGB.

Die Gründung eines Vereins bedarf den Beschluss einer Satzung (§ 25 BGB). Die Satzung muss den Vereinszweck, den Namen und den Sitz des Vereins enthalten (§ 57 BGB). Bei der Gründung müssen mindestens sieben Gründungsmitglieder mitwirken (§ 56 BGB).

2.3.8.2 Name des Vereins

Der Name kann den Vereinszweck beschreiben und/oder eine örtliche Beziehung ausdrücken. Fantasienamen sind zulässig, soweit diese nicht irreführend sind. Der eingetragene Verein muss darüber hinaus das Kürzel e.V. im Namen tragen.

2.3.8.3 Leitung

Die Organe des Vereins sind die Mitgliederversammlung, der Vorstand und etwaige besondere Vertreter. Der Vorstand vertritt den Verein nach außen. Für gewisse Geschäftsfelder kann gemäß § 30 BGB ein Sondervertrieb bestimmt werden. Die Mitgliederversammlung ist das oberste Organ des Vereins. Sie wählt den Vorstand und ordnet durch Beschlüsse die Angelegenheiten des Vereins.

2.3.8.4 Haftung

Gemäß § 31 BGB haftet der Verein mit dem gesamten Vereinsvermögen für seine Organe.

☒ **Merken: Für den klassischen Veranstalter spielt die Rechtsform des eingetragenen Vereins nur eine untergeordnete Rolle. Dies hängt unter anderem damit zusammen, dass ein Veranstalter in der Regel seine Tätigkeit auf Gewinnerzielung angelegt hat.**

2.3.9 Partnerschaftsgesellschaft

2.3.9.1 Rechtliche Grundlagen

Die rechtlichen Grundlagen für eine Partnerschaftsgesellschaft finden sich im Partnerschaftsgesellschaftsgesetz (PartGG). Das Partnerschaftsgesellschaftsgesetz gibt Freiberuflern die Möglichkeit, sich in einer zeitgemäßen Organisationsform zusammenzuschließen. Ein gesetzlich festgelegtes Mindestkapital ist nicht erforderlich.

2.3.9.2 Gründung

Gemäß § 3 PartGG muss ein schriftlicher Partnerschaftsvertrag abgeschlossen werden, der Name und Sitz der Partnerschaft, Name, Vorname, Beruf und Wohnort jedes Partners und den Gegenstand der Partnerschaft enthalten muss. Die Gesellschaftsform ist dann in das sogenannte Partnerschaftsregister am Amtsgericht einzutragen.

2.3.9.3 Leitung

Die Geschäftsführungsbefugnis und ein Widerspruchsrecht gegen die Geschäftsführung der übrigen Gesellschafter steht jedem Partner zu (§ 6 Abs. 3 Satz 2 PartGG in Verbindung mit §§ 114, 115 HGB). Jeder Partner ist zur Vertretung berechtigt (§ 7 Abs. 3 PartGG in Verbindung mit §§ 125 Abs. 1, 126 HGB). Abweichende Vereinbarungen sind hinsichtlich des vertretungsberechtigten Personenkreises möglich und ins Partnerschaftsregister einzutragen.

2.3.9.4 Firma

Die Partnerschaftsgesellschaft führt keine Firma, aber eine Bezeichnung mit firmenähnlichem Charakter, die mindestens den Familiennamen eines der Partner mit dem Zusatz „Partner“ oder „Partnerschaft“ sowie die Berufsbezeichnung aller in der Gesellschaft vertretenen Berufe enthält.

2.3.9.5 Rechtsfähigkeit

Die Teilrechtsfähigkeit tritt mit Eintragung in das Partnerschaftsregister ein, das heißt die Partnerschaftsgesellschaft kann unter ihrem Namen Rechte erwerben, verpflichtet werden, klagen und verklagt werden.

2.3.9.6 Haftung

Für Verbindlichkeiten der Partnerschaftsgesellschaft haften die Partner neben dem Vermögen der Partnerschaft persönlich, unbeschränkt und unmittelbar als Gesamtschuldner.

Merken: Nachdem die Partnerschaftsgesellschaft nur für Freiberufler zulässig ist, kommt diese Rechtsform für den klassischen Veranstalter nicht in Betracht.

Checkliste

Die Gesellschaft bürgerlichen Rechts kann ohne großen Gründungsaufwand gegründet werden. Der Nachteil ist die Haftung der Gesellschafter mit dem Privatvermögen. Dies gilt auch für die sogenannte OHG.	❑

Checkliste

Der Vorteil der GmbH liegt in der Beschränkung der Haftung auf das Gesellschaftsvermögen. Allerdings ist im Vergleich zur GbR oder OHG ein wesentlich höherer Gründungsaufwand notwendig. Insbesondere ist ein Stammkapital Voraussetzung für die Gründung.	❑
Die Aktiengesellschaft kommt aufgrund ihres hohen Gründungsaufwandes sowie der Notwendigkeit eines Aufsichtsrates und dem nur geringen Vorteil gegenüber einer GmbH für den klassischen Veranstalter in der Regel nicht in Betracht.	❑
Die Kommanditgesellschaft hat den Vorteil, dass Kommanditisten nur mit ihrer Einlage haften und nur die Komplementäre auch mit ihrem Privatvermögen. Durch die Erbringung der Einlagen der Kommanditisten kann das Gesellschaftsvermögen erhöht werden, ohne diesen Einfluss auf die Geschäftsführung zu geben. Entsprechendes gilt bei der GmbH & Co. KG, deren Komplementärin eine GmbH ist.	❑
Aufgrund der fehlenden Gemeinnützigkeit kommt in der Regel die Rechtsform eines eingetragenen Vereins für einen Veranstalter nicht in Betracht.	❑
Die Gründung einer Partnerschaftsgesellschaft scheidet in der Regel für einen klassischen Veranstalter aus, da er kein Freiberufler ist.	❑

Kontrollfragen

Welche Vorteile/Nachteile hat die Gesellschaft bürgerlichen Rechts?

Welche Vorteile/Nachteile hat die GmbH?

Welche Nachteile hat die Aktiengesellschaft für den klassischen Veranstalter?

Welche Vorteile hat eine GmbH & Co. KG?

3 Veranstaltung und Vertrag

Die Zeiten, in denen im Veranstaltungsbereich Vereinbarungen als „Gentleman Agreement“ von statten gingen, gehen langsam zu Ende. Die Vertragsgestaltungen werden immer umfangreicher und komplizierter. Es gehört daher zum Einmaleins eines Veranstaltungsmanagers, sich mit den Gegebenheiten des Vertragsrechts vertraut zu machen. Im Folgenden soll daher zunächst ein Überblick über die allgemeinen Voraussetzungen von Verträgen und im Anschluss daran über die wichtigsten Veranstaltungsverträge gegeben werden.

3.1 Einführung in das Vertragsrecht

3.1.1 Vertragsschluss

Das Zustandekommen eines Vertrages setzt das Vorliegen zweier übereinstimmender Willenserklärungen voraus. Diese werden Angebot und Annahme genannt. Eine Willenserklärung liegt vor bei

- mündlichen, schriftlichen (auch Fax oder E-mail) oder telefonischen Äußerungen,
- schlüssigen Handlungen (konkludentes Verhalten), aus denen sich der Wille des Vertragsschlusses erkennen lässt.

Schweigen stellt grundsätzlich keine Willenserklärung dar. Etwas anderes gilt nur bei laufenden Geschäftsbeziehungen zwischen Kaufleuten, bei denen Schweigen als Zustimmung zu werten sein kann (§ 362 HGB) und beim sogenannten kaufmännischen Bestätigungsschreiben. Dieses fasst nach Absicht des Absenders den Inhalt eines bereits geschlossenen Vertrages zusammen. Ein Kaufmann muss als Empfänger eines solchen Bestätigungsschreibens unverzüglich widersprechen, wenn er den Inhalt des Schreibens nicht gegen sich gelten lassen will.

Die Änderung eines unterbreiteten Angebots stellt die Abgabe eines neuen Angebotes dar, das wiederum vom Vertragspartner angenommen werden muss (§ 150 Abs. 2 BGB).

Von einem bindenden Angebot abzugrenzen, ist die bloße Aufforderung an jemanden, seinerseits ein Angebot zu machen. Es handelt sich dabei um eine sogenannte „invitatio ad offerendum", die zum Beispiel bei der Ankündigung einer Veranstaltung vorliegt.

Merken: Ein Vertrag kommt durch zwei übereinstimmende Willenserklärungen (Angebot und Annahme) zustande.

Schweigen stellt grundsätzlich keine Willenserklärung dar. Etwas anderes kann nur gelten bei laufenden Geschäftsbeziehungen zwischen Kaufleuten sowie beim sogenannten kaufmännischen Bestätigungsschreiben.

Die Änderung eines unterbreiteten Angebots stellt keine Annahme, sondern ein neues Angebot dar.

Eine invitatio ad offerendum (Beispiel: Ankündigung einer Veranstaltung) ist kein Angebot.

3.1.2 Formvorschriften

Grundsätzlich sind Rechtsgeschäfte auch im Veranstaltungsbereich formlos wirksam. Für einzelne Bereiche hat das Gesetz jedoch spezielle Formvorschriften festgehalten.

Folgende Formvorschriften sind zu berücksichtigen:

3.1.2.1 Schriftform

Ist durch Gesetz schriftliche Form vorgeschrieben, so muss eine Urkunde erstellt und vom Aussteller eigenhändig durch Namensunterschrift oder durch notariell beglaubigtes Handzeichen unterzeichnet werden (§ 126 Abs. 1 BGB). So bedarf zum Beispiel ein Vertrag, durch den sich der Urheber zur Einräumung von Nutzungsrechten an künftigen Werken verpflichtet, der Schriftform (§ 40 UrhG).

3.1.2.2 Elektronische Form

Die gesetzlich vorgeschriebene schriftliche Form kann durch elektronische Form ersetzt werden, wenn das Dokument mit einer qualifizierten elektronischen Signatur nach dem Signaturgesetz versehen wird (§§126 a, 126 III BGB).

3.1.2.3 Textform

Bei der Textform (§ 126 b BGB) muss die Erklärung in einer Urkunde oder einer auf anderer zur dauerhaften Wiedergabe in Schriftzeichen geeigneten Weise abgegeben, die Person des Erklärenden genannt und der Abschluss der Erklärung durch Nachbildung der Namensunterschrift oder anderes erkennbar gemacht werden.

3.1.2.4 Öffentliche Beglaubigung

Bei einer öffentlichen Beglaubigung (§ 129 I BGB) muss die Erklärung schriftlich abgefasst werden und die Unterschrift oder das Handzeichen des Erklärenden von einem Notar beglaubigt werden.

3.1.2.5 Notarielle Beurkundung

Bei einer notariellen Beurkundung muss die Erklärung nach Beratung durch den Notar diesem gegenüber abgegeben, niedergeschrieben, dem Erklärenden vorgelegt, von diesem genehmigt und unterschrieben werden.

3.1.2.6 Rechtsfolgen bei Nichteinhaltung gesetzlicher Formvorschriften

Werden gesetzliche Formvorschriften nicht eingehalten, führt dies gemäß § 125 I BGB zur Nichtigkeit des Rechtsgeschäftes. Gleiches gilt, wenn durch eine Vereinbarung eine bestimmte Form festgehalten wurde.

Merken: Obwohl eine Vielzahl von Rechtsgeschäften im Veranstaltungsbereich formlos möglich sind, empfiehlt es sich, diese dennoch insbesondere zu Beweis- und Dokumentationszwecken schriftlich abzuschließen.

3.1.3 Stellvertretung

Häufig werden im Veranstaltungsbereich die Vertragspartner von Agenten, Managern etc. vertreten. Im rechtlichen Sinne handelt es sich dabei um eine sogenannte Stellvertretung.

Die Voraussetzungen der Stellvertretung sind wie folgt:

- Vertretungsmacht
- Eigene Willenserklärung
- Offenkundigkeit

3.1.3.1 Vertretungsmacht

Dem Stellvertreter muss Vertretungsmacht eingeräumt werden. Dies kann durch Rechtsgeschäft (sogenannte Bevollmächtigung § 166 Abs. 2 BGB) oder durch gesetzliche Vorschrift, zum Beispiel Vertretung der Eltern durch ihre Kinder § 1629 Abs. 1 BGB oder Vertretung der GmbH durch den Geschäftsführer (§ 35 Abs. 1 GmbHG) geschehen.

3.1.3.2 Eigene Willenserklärung

Der Stellvertreter gibt eine eigene Willenserklärung ab und ist damit vom Boten zu unterscheiden, der nur eine fremde Willenserklärung übermittelt.

3.1.3.3 Offenkundigkeitsprinzip

Der Stellvertreter muss dem Vertragspartner deutlich machen, dass er im Namen des Vertretenen (zum Beispiel im Namen des Künstlers) auftritt.

3.1.3.4 Rechtsfolgen

Die Rechtsfolgen des vom Vertreter abgeschlossenen Rechtsgeschäftes treffen ausschließlich den Vertretenen. Schließt dieser ohne die notwendige Vertretungsmacht einen Vertrag ab, ist der Vertrag schwebend unwirksam. Der Vertrag kann nachträglich durch den Vertretenen genehmigt werden (§ 177 Abs. 1 BGB).

Unterbleibt die Genehmigung haftet der Vertreter ohne Vertretungsmacht dem anderen Vertragspartner nach dessen Maß auf Erfüllung oder Schadensersatz (§ 179 Abs. 1 BGB).

Merken: Eine wirksame Stellvertretung setzt voraus:

- **Vertretungsmacht**
- **Eigene Willenserklärung des Stellvertreters**
- **Offenkundigkeitsprinzip**

Bei wirksamer Stellvertretung wird der Vertretene Vertragspartner.

Liegt ein Handeln eines Vertreters ohne Vertretungsmacht vor, hat der andere die Möglichkeit gegen den Vertreter ohne Vertretungsmacht Ansprüche auf Erfüllung des Vertrages oder Schadensersatz geltend zu machen.

3.1.4 Leistungsstörungen

Nicht immer ist es den Vertragspartnern möglich, ihre vertraglichen oder auch gesetzlichen Verpflichtungen ordnungsgemäß zu erfüllen. Die ordnungsgemäße Befriedigung des anderen Partners kann durch unterschiedliche Gründe ganz oder teilweise verhindert werden (zum Beispiel: Zerstörung der Location aufgrund eines Unwetters oder Krankheit des Künstlers). Es stellt sich die Frage, welche Rechtsfolgen sich bei solchen Leistungsstörungen ergeben.

3.1.4.1 Unmöglichkeit der Leistung

Grundsätzlich ist der Schuldner verpflichtet, die geschuldete Leistung vollständig zu erbringen. Gemäß § 275 Abs. 1-3 BGB gibt es drei Tatbestände, die einen Leistungsanspruch des Gläubigers ausschließen können:

- Der Anspruch auf Leistung ist ausgeschlossen, soweit diese für den Schuldner oder für jedermann unmöglich ist.
- Der Schuldner kann die Leistung verweigern, soweit dies einen Aufwand erfordert, der unter Beachtung des Inhaltes des Schuldverhältnisses und der Gebote von Treu und Glauben in einem groben Missverhältnis zu dem Leistungsinteresse des Gläubigers steht.
- Der Schuldner kann die Leistung ferner dann verweigern, wenn er die Leistung persönlich zu erbringen hat und sie ihm unter Abwägung des seiner Leistung entgegenstehenden Hindernisses mit dem Leistungsinteresse des Gläubigers nicht zugemutet werden kann.
- Für den Fall, dass der Schuldner seine Leistung nicht erbringen kann und von seiner Leistungserbringungspflicht frei wird, steht der Gläubiger jedoch nicht schutzlos da. Der Gläubiger kann gemäß § 275 Abs. 4 BGB entwe-

der Schadensersatz statt der Leistung oder Ersatz seiner Aufwendungen verlangen.

3.1.4.2 Schuldnerverzug

Verzug des Schuldners liegt vor, wenn der Schuldner auf Mahnung des Gläubigers, die nach dem Eintritt der Fälligkeit erfolgt, nicht leistet. Der Gläubiger kann dann Verzugszinsen geltend machen und der Schuldner ist für alle eintretenden Schäden ersatzpflichtig. Der Verzugszins beträgt gegenüber Nichtkaufleuten 5% über dem Basiszinssatz und gegenüber Schuldnern, die nicht Verbraucher sind, 8% über dem Basiszinssatz.

Eine Mahnung ist gemäß § 286 Abs. 2 BGB für den Verzug nicht erforderlich,

- wenn für die Leistung eine Zeit nach dem Kalender bestimmt ist (zum Beispiel Fertigstellung des Werkes bis spätestens 31.12.2004),
- bei Fristablauf,
- bei ernsthafter und endgültiger Erfüllungsverweigerung,
- aufgrund Interessenabwägung.

Bei Geldforderungen bedarf es keiner Mahnung. Gemäß § 286 Abs. 3 BGB kommt der Schuldner in Verzug, wenn er nicht innerhalb von 30 Tagen nach Fälligkeit und Zugang einer Rechnung zahlt.

Der Gläubiger der verspäteten Leistung kann statt der Leistung auch Schadensersatz verlangen (§ 281 Abs. 1 BGB in Verbindung mit § 280 Abs. 1 BGB).

3.1.4.3 Gläubigerverzug

Gläubigerverzug ist gegeben, wenn dieser die ihm angebotene Leistung nicht annimmt (zum Beispiel, wenn der Künstler dem Veranstalter seine Vorführung anbietet und dieser ihn ohne Begründung nicht auftreten lässt).

3.1.4.4 Pflichtverletzung

Verletzt der Schuldner seine Pflichten aus dem Schuldverhältnis, kann der Gläubiger Schadensersatz verlangen und/oder vom Vertrag zurücktreten (§§ 280, 323 BGB).

3.1.5 Anpassung von Verträgen

Gemäß § 313 BGB können die Vertragsparteien Anpassung des Vertrages verlangen oder bei fehlender Anpassungsmöglichkeit vom Vertrag zurücktreten, wenn sich Umstände, die zur Grundlage des Vertrages geworden sind, derart verändern, dass einem oder beiden Vertragspartnern ein Festhalten an der Vereinbarung nicht mehr zugemutet werden kann (Beispiel: Eine geplante Veranstaltung entfällt infolge kriegerischer Ereignisse).

3.1.6 Kündigung eines Dauerschuldverhältnisses aus wichtigem Grund

Gemäß § 314 BGB kann ein Dauerschuldverhältnis aus wichtigem Grund gekündigt werden. Ein wichtiger Grund kann unter anderem dann vorliegen, wenn sich zum Beispiel die Vermögenslage des Schuldners erheblich verschlechtert.

3.1.7 Anfechtung von Verträgen

Wenn ein Vertrag zunächst wirksam abgeschlossen worden ist, besteht die Möglichkeit durch Anfechtung einer dem Vertrag zugrunde liegenden Willenserklärung, sich von diesem Vertrag zu lösen. Dies geschieht durch die sogenannte Anfechtung (§§ 119 ff BGB). Eine wirksame Anfechtung setzt voraus:

- Anfechtungsgrund
- Anfechtungserklärung
- Einhaltung der Anfechtungsfrist

3.1.7.1 Anfechtungsgrund

Für die Anfechtung ist zunächst ein Anfechtungsgrund notwendig.

Man unterscheidet dabei die Irrtumsanfechtung und die Anfechtung wegen arglistiger Täuschung oder widerrechtlicher Drohung.

Bei der Irrtumsanfechtung unterscheidet man zwischen Inhaltsirrtum, Erklärungsirrtum und Eigenschaftsirrtum.

Ein Inhaltsirrtum liegt vor, wenn jemand bei der Abgabe einer Willenserklärung über deren Inhalt im Irrtum war.

Ein Erklärungsirrtum liegt vor, wenn jemand bei der Abgabe einer Willenserklärung eine Erklärung diesen Inhalts überhaupt nicht abgeben wollte.

Ein Eigenschaftsirrtum liegt vor, wenn sich jemand über solche Eigenschaften der Personen oder der Sache geirrt hat. Dabei ist zu berücksichtigen, dass ein sogenannter Motivirrtum unbeachtlich ist. Ein solcher liegt zum Beispiel dann vor, wenn sich jemand aus einem Geschäft gute Umsätze erhofft, diese nachträglich aber nicht eintreten.

Wenn jemand zur Abgabe einer Willenserklärung durch eine arglistige Täuschung oder durch eine widerrechtliche Drohung veranlasst wurde, kann er diese Willenserklärung ebenfalls anfechten.

3.1.7.2 Anfechtungserklärung

Die Anfechtung muss gegenüber dem anderen Vertragspartner erklärt werden.

3.1.7.3 Anfechtungsfrist

Bei einer Anfechtung wegen Irrtums muss die Anfechtung unverzüglich nach Kenntnis des Anfechtungsgrundes erfolgen, bei einer Anfechtung wegen arglistiger Täuschung oder widerrechtlicher Drohung innerhalb eines Jahres nach Kenntniserlangung von dem Anfechtungsgrund.

3.1.8 Allgemeine Geschäftsbedingungen

Sogenannte allgemeine Geschäftsbedingungen haben sich zwischenzeitlich auch im Veranstaltungsbereich etabliert. Immer häufiger findet man bei Veranstaltungsverträgen auf der Rückseite oder als Anlage das sogenannte „Kleingedruckte“.

3.1.8.1 Wann liegen allgemeine Geschäftsbedingungen vor?

Allgemeine Geschäftsbedingungen sind alle für eine Vielzahl von Verträgen vorformulierten Vertragsbestimmungen, die eine Vertragspartei (der sogenannte Verwender) der anderen Vertragspartei bei Abschluss eines Vertrages stellt.

Die rechtliche Zulässigkeit von allgemeinen Geschäftsbedingungen ist in den §§ 305 ff BGB geregelt. Dabei ist zu berücksichtigen, dass eine Vielzahl bereits vorliegt, wenn eine Verwendung von drei bis fünf Mal gewollt ist.

Allgemeine Geschäftsbedingungen liegen auch dann vor, wenn diese in die Vertragsurkunde selbst aufgenommen worden sind.

Es ist nicht erforderlich, dass diese auf einen äußerlich gesonderten Bestandteil des Vertrages aufgenommen werden.

Merken: Häufig liegen allgemeine Geschäftsbedingungen vor, die der strengen Prüfung der §§ 305 ff BGB unterliegen, obwohl diese nicht als allgemeine Geschäftsbedingungen überschrieben sind.

Werden einzelne Klauseln oder Bedingungen mit dem Vertragspartner ausgehandelt, handelt es sich nicht um allgemeine Geschäftsbedingungen, sondern um einen individuell gestalteten Vertrag. Für den Fall, dass es sich um allgemeine Geschäftsbedingungen handelt, gelten für deren Einbeziehung in den Vertrag und deren Wirksamkeit nach gesteigerte Anforderungen gemäß den §§ 305 ff BGB.

3.1.8.2 Wirksame Einbeziehung

Für die wirksame Einbeziehung ist grundsätzlich Voraussetzung, dass der Verwender seinen Vertragspartner ausdrücklich oder, wenn es nur unter unverhältnismäßigen Schwierigkeiten möglich ist, durch deutlich sichtbaren Aushang am Ort des Vertragsschlusses auf sie hinweist und der anderen Vertragspartei die Möglichkeit verschafft, in zumutbarer Weise von dem Inhalt der allgemeinen Geschäftsbedingungen Kenntnis zu nehmen.

Die allgemeinen Geschäftsbedingungen müssen daher in jedem Fall vor oder bei dem Geschäftsabschluss beigefügt werden, damit sie wirksamer Bestandteil werden. Ist zum Beispiel lediglich auf einer Eintrittskarte ein Haftungsausschluss angebracht, so wird dieser wirksamer Vertragsbestandteil. Bei Veranstaltungen ist in jedem Fall erforderlich, dass diese gut sichtbar am Ort des Vertragsabschlusses aushängen.

Wenn allgemeine Geschäftsbedingungen auf einer Homepage im Internet verwendet werden, sollte der Aufbau der Homepage so erfolgen, dass der Besucher der Homepage erst dann über die Homepage einen Auftrag erteilen kann, wenn er zuvor die Möglichkeit hat, die allgemeinen Geschäftsbedingungen zum Beispiel als PDF-Datei anzusehen und herunterzuladen und bestätigt, dass er die allgemeinen Geschäftsbedingungen zur Kenntnis genommen hat und mit diesen einverstanden ist.

3.1.8.3 Wirksamkeit von allgemeinen Geschäftsbedingungen

Überraschende Bestimmungen, mit denen die andere Vertragspartei nicht zu rechnen braucht, sowie Bestimmungen, die gegen individuell vereinbarte Abreden verstoßen, sind unwirksam, §§ 305 b, c BGB.

Zweifel, die sich bei der Auslegung von allgemeinen Geschäftsbedingungen ergeben, gehen zu Lasten des Verwenders, § 306 BGB.

In den §§ 308 und 309 BGB sind sogenannte Klauselverbote enthalten, das heißt Bestimmungen, an denen überprüft wird, ob die einzelne Klausel wirksam ist oder nicht. Verstößt eine Regelung gegen ein Klauselverbot gemäß § 308 BGB muss eine Wertung erfolgen, das heißt, es muss überprüft werden, ob eine Unwirksamkeit im konkreten Fall vorliegt.

Verstößt die Regelung gegen ein Klauselverbot des § 309 BGB ist die Regelung immer unwirksam. Ergibt sich aus den beiden Bestimmungen keine Aussage über die Wirksamkeit, so ist auf die Generalklausel des § 307 Abs. 1 BGB zurückzugreifen, wonach Bestimmungen in allgemeinen Geschäftsbedingungen unwirksam sind, sofern sie den Vertragspartner entgegen den Geboten von Treu und Glauben unangemessen benachteiligen.

Zu berücksichtigen ist, dass die Regelungen der §§ 308 und 309 BGB nicht gegenüber einem Unternehmer gelten. Allerdings gelten auch, wenn die allgemeinen Geschäftsbedingungen gegenüber einem Unternehmer verwendet werden, die Regelungen des § 307 Abs. 1 und 2 BGB.

☒ Merken: In der Praxis verwenden viele Veranstalter allgemeine Geschäftsbedingungen insbesondere aufgrund folgender Vorteile:

- Vereinfachung des Geschäftsbetriebes,
- bestimmte Risiken für den Veranstalter können vorab geregelt werden,
- nicht in den allgemeinen Geschäftsbedingungen enthaltene Regelungen können rasch verändert werden.

Checkliste

Allgemeine Bestimmungen	❑
Angebote	❑
Preise und Präsentationen	❑
Zahlungsbedingungen	❑
Leistungen und Mitwirkungspflichten des Vertragspartners	❑
Grundsätze für die Zusammenarbeit	❑
Urheberrechte/Nutzungsrechte	❑
Rechtliche Zulässigkeit	❑
Änderungsverlangen	❑
Zurückbehaltungsrecht	❑
Aufrechnung	❑
Haftung	❑
Geheimhaltung	❑
Anwendbares Recht	❑
Schriftform	❑
Erfüllungsort und Gerichtsstand	❑
Salvatorische Klausel	❑

3.1.9 Verjährung von Ansprüchen

Die Regelverjährungszeit beträgt drei Jahre gemäß § 195 BGB. Die Regelverjährung beginnt mit Schluss des Kalenderjahres, in dem der Anspruch entstanden ist und der Gläubiger Kenntnis von den anspruchsbegründenden Umständen und der Person des Schuldners erlangt hat oder ohne grobe Fahrlässigkeit hätte erlangen müssen (§ 199 Abs. 1 BGB), spätestens jedoch in jedem Fall 30 Jahre nach ihrer Entstehung (§ 199 Abs. 2 bis 4 BGB).

Hinsichtlich einzelner Verträge gibt es jedoch auch abweichende Verjährungsfristen. So gilt zum Beispiel bei Kaufverträgen zwei Jahre ab Ablieferung der Sache (§ 438 Abs. 1 Ziff. 3, Abs. 2 BGB).

Bei einem Werkvertrag verjähren die Ansprüche grundsätzlich zwei Jahre nach Abnahme des Werkes (§ 634 a Abs. 1 Ziff. 1, Abs. 2 BGB).

Merken: Die Verjährung wird in der Regel nur durch die Einleitung gerichtlicher Maßnahmen, wie zum Beispiel Einleitung des gerichtlichen Mahnverfahrens oder Einreichung einer Klage unterbrochen. Nicht ausreichend ist die Zustellung eines Aufforderungsschreibens.

Checkliste	
Liegen zwei übereinstimmende Willenserklärungen vor?	❑
Liegt ein Angebot vor oder handelt es sich nur um eine invitatio ad offerendum?	❑
Ist Schweigen eine Annahme?	❑

Checkliste

Liegt ein kaufmännisches Bestätigungsschreiben vor?	❑
Schriftform	❑
Elektronische Form	❑
Öffentliche Beglaubigung	❑
Notarielle Beurkundung	❑
Liegt eine wirksame Stellvertretung vor?	❑
Vertretungsmacht?	❑
Eigene Willenserklärung?	❑
Offenkundigkeitsprinzip	❑
Können die vertraglich vereinbarten Leistungen erbracht werden?	❑
Muss der Vertrag aufgrund geänderter Umstände angepasst werden?	❑
Besteht ein Recht zur Kündigung aus wichtigem Grund?	❑
Kann der Vertrag rückwirkend angefochten werden?	❑
Anfechtungsgrund?	❑
Anfechtungserklärung?	❑
Einhaltung der Anfechtungsfrist?	❑
Liegen allgemeine Geschäftsbedingungen vor?	❑
Wurden die allgemeinen Geschäftsbedingungen wirksam?	❑
Sind vertragliche Ansprüche aufgrund Verjährung erloschen?	❑

Kontrollfragen

Wie kommt ein wirksamer Vertrag zustande?

Welche Formvorschriften gibt es?

Was sind die Voraussetzungen für eine wirksame Stellvertretung?

Welche Leistungsstörungen kann es bei der Abwicklung von Verträgen geben?

Unter welchen Voraussetzungen können Verträge angepasst oder gekündigt werden?

Was sind die Voraussetzungen, um einen zunächst wirksamen Vertrag wirksam anzufechten?

Was sind allgemeine Geschäftsbedingungen?

Wie können allgemeine Geschäftsbedingungen wirksam Vertragsbestandteil werden?

Welche Regelungen sind bei der Formulierung von allgemeinen Geschäftsbedingungen zu berücksichtigen?

3.2 Die wichtigsten Verträge im Veranstaltungsbereich

In der Veranstaltungsbranche gibt es verschiedene Möglichkeiten und Terminologien hinsichtlich der Vertragsgestaltung. Dabei ist zu berücksichtigen, dass die Veranstaltungsbranche eine Branche von Praktikern ist und es für zahlreiche der notwendigen Vertragsgestaltungen keine speziellen gesetzlichen Normierungen gibt. In der Praxis werden daher unterschiedliche Vertragstypen verwendet und deren Inhalte werden den Bedürfnissen der Branche angepasst. Dabei sind die einschlägigen gesetzlichen Vorschriften aufgrund der fehlenden speziellen gesetzlichen Normierungen von ausschlaggebender Bedeutung.

Im Folgenden soll ein Überblick über die wichtigsten Vertragsgestaltungen in der Veranstaltungsbranche gegeben werden.

Bei den Vertragsgestaltungen ist insbesondere zwischen Verträgen aus dem Bereich der Künstlervermittlung und den eigentlichen Veranstaltungsverträgen sowie den Besucherverträgen und speziellen Verträgen wie zum Beispiel Location- und Sponsoringverträgen zu unterscheiden.

3.2.1 Künstlervermittlung

Die Künstlervermittlung zielt darauf ab, durch Tätigwerden eines Vermittlers Vertragsverhältnisse zwischen Künstlern und Veranstaltern anzubahnen bzw. zum Abschluss zu bringen. Die wichtigsten Künstlervermittlungsverträge sind:

- Agenturvertrag
- Gastspieldirektionsvertrag
- Managementvertrag

Im Falle der typischen Künstlervermittlung wird der Agent auf keiner Seite des Vertragsverhältnisses selbst unmittelbar Vertragspartner. Vertragspartner sind vielmehr der Veranstalter und der Künstler. Das Vertragsverhältnis zwischen Künstler und Agent wird durch den Agenturvertrag bestimmt.

3.2.1.1 Agenturvertrag

Vertragsgegenstand

Der Agenturvertrag regelt das Auftragsverhältnis zwischen Künstlern und Vermittlern. Es wird eine Umsatzbeteiligung bzw. Provision für die Vermittlungstätigkeit vereinbart. In der Regel erhält der Agent eine Handlungs- und Abschlussvollmacht für Verträge.

Rechtsnatur

Die Rechtsnatur des Agenturvertrages ist im Einzelfall zu bestimmen und insbesondere ist zu berücksichtigen, ob es sich um eine gelegentliche Vermittlung oder um eine ständige Vermittlung (Exklusivvereinbarung) handelt.

Als Vertragsarten kommen insbesondere der Geschäftsbesorgungsvertrag, der Maklervertrag und der Handelsvertretervertrag in Betracht.

Bei einem Geschäftsbesorgungsvertrag handelt es sich um einen Dienst- bzw. Werkvertrag, der eine Geschäftsbesorgung zum Gegenstand hat (§ 675 BGB).

Rechtsfolgen bei Annahmen eines Geschäftsbesorgungsvertrages sind wie folgt:

- Der Agent erhält für jede Vermittlung die vereinbarte bzw. übliche Vergütung.
- Der Agent kann gemäß §§ 675, 670 BGB ohne besondere Vereinbarung den Ersatz seiner sonstigen Aufwendungen verlangen.
- Hinsichtlich Entstehung und Fälligkeit des Vergütungsanspruchs muss auf die vertragliche Vereinbarung zurückgegriffen werden.

Teilweise wird die Auffassung vertreten, dass es sich bei Agenturverträgen um Maklerverträge handelt.

Rechtsfolgen bei Annahme eines Maklervertrages sind wie folgt:

- Für den Nachweis der Gelegenheit oder für den Abschluss eines Vertrages ist eine Provision zu zahlen, sofern diese zwischen den Parteien vorher vereinbart wurde und der Vertrag infolge des Nachweises bzw. der Vermittlung des Agenten zustande gekommen ist.
- Liegen diese Voraussetzungen vor, entsteht der Provisionsanspruch des Agenten mit Zustandekommen bzw. Nachweis des Vertrages. Ist die Provisionsvereinbarung nicht ausdrücklich geschlossen, gilt die Provision gem. § 653 Abs. 1 BGB als stillschweigend vereinbart. Ist die Höhe der Vergütung nicht bestimmt, ist der "übliche Lohn" geschuldet (§ 653 Abs. 2 BGB).
- Gem. § 652 Abs. 2 BGB sind Aufwendungen des Agenten nur dann zu ersetzen, wenn es vereinbart ist.

Teilweise vertreten die Gerichte die Auffassung, dass derjenige Agent, der ständig mit der Vermittlung eines Künstlers betraut wird, Handelsvertreter ist (Landgericht München, AZ 23 O 3277/97; Landgericht Hamburg, AZ 305 O 438/97).

Die Rechtsfolgen bei Annahme eines Handelsvertretervertrages sind wie folgt:

- Während der Provisionsanspruch eines Maklers bereits bei Zustandekommen des Vertrages entsteht und grundsätzlich nicht nachträglich entfällt, kann der Provisionsanspruch des Handelsvertreters gem. § 87 a Abs. 2, Abs. 3 Satz 2 HGB nachträglich untergehen.
- Unter den Voraussetzungen des § 89 b HGB steht dem Handelsvertreter nach Beendigung des Vertragsverhältnisses ein angemessener Ausgleich für geleistete Dienste zu.

Wirksamkeit von Agenturverträgen

Hinsichtlich der Wirksamkeit von Agenturverträgen ist Folgendes zu berücksichtigen:

Nach herrschender Auffassung und der Rechtsprechung ist die Vermittlung von Künstlern grundsätzlich keine Arbeitsvermittlung, sondern eine Vermittlung in eine freie Tätigkeit. Werden Künstler allerdings in feste Arbeitsverhältnisse vermittelt, zum Beispiel bei einem Orchester, ist eine Erlaubnis zur Arbeitsvermittlung erforderlich (§§ 291 ff SGB III).

Merken: Der Agenturvertrag regelt das Auftragsverhältnis zwischen Künstler und Vermittler gegen Bezahlung einer Umsatzbeteiligung.

Als Rechtsnatur des Agenturvertrages kommt ein Geschäftsbesorgungsvertrag, ein Maklervertrag oder ein Handelsvertretervertrag in Betracht.

Werden Künstler in feste Arbeitsverhältnisse vermittelt, ist eine Erlaubnis zur Arbeitsvermittlung erforderlich.

Checkliste

Exakte Bezeichnung der Vertragsparteien	❑
Vertretungsverhältnisse	❑
Beschränkung der Beauftragung	❑
Vollmachtserteilung	❑
Gegenseitige Informationspflichten	❑
Inkassovollmacht	❑
Vergütung	❑
Bemessungsgrundlage für die Vergütung	❑
Provisionierung von Folgeaufträgen	❑
Beendigung der Provisionszahlungspflicht	❑
Einsichtsrecht	❑
Laufzeit des Vertrages, Kündigungsfristen, Verlängerungsoptionen	❑

3.2.1.2 Gastspieldirektion

Unterschied zur Agentur

Die Gastspieldirektion wird im Gegensatz zu einer Agentur nicht als Vertreter tätig, sondern wird selbst Vertragspartner.

Es sind zwei Verträge erforderlich:

- Vertrag zwischen Künstler und Gastspieldirektion (Künstlervertrag).
- Vertrag zwischen Gastspieldirektion und Veranstalter (Gastspieldirektionsvertrag).

Künstlervertrag

Vertragsgegenstand

Der Vertragsgegenstand entspricht im wesentlichen dem eines Konzertvertrages. Die Besonderheit liegt jedoch darin, dass der Künstler Leistungen unmittelbar für Dritte erbringen soll.

Haftung

Es besteht Verpflichtung der Gastspieldirektion zur Entrichtung der auf das Künstlerentgelt entfallenden Künstlersozialabgaben. Sofern es sich bei dem verpflichteten Künstler um einen Ausländer handelt, ist die Gastspieldirektion Haftungsschuldner für den im Inland bei beschränkt steuerpflichtigen vorzunehmenden Steuerabzug gem. § 50 a EStG.

Gastspieldirektionsvertrag

Vertragsgegenstand

Regelung der Leistungsbeziehung zwischen der Gastspieldirektion und dem Veranstalter.

Haftung

Wenn der Veranstalter seine Leistungsverpflichtung gegenüber der Gastspieldirektion nicht erfüllt, lässt dies die Ansprüche des Künstlers gegenüber der Gastspieldirektion unberührt.

Checkliste	
Deckungsgleichheit zwischen Künstler- und Gastspielvertrag.	❑
Entfallen der Konzertverpflichtung der Gastspieldirektion und der Vergütungspflicht des Veranstalters bei Krankheit des Künstlers.	❑
Haftung des Veranstalters für die Sicherheit des Künstlers, seiner Musiker und Hilfskräfte sowie für die vom Künstler und der Gastspieldirektion in den Veranstaltungsort eingebrachten Anlagen und Instrumente.	❑
Haftung des Veranstalters für die Sicherheit des Künstlers, seiner Musiker und Hilfskräfte sowie für die vom Künstler und der Gastspieldirektion in den Veranstaltungsort eingebrachten Anlagen und Instrumente.	❑
Verpflichtung des Veranstalters ungenehmigte Ton- bzw. Wiederaufnahmen zu unterlassen bzw. zu verhindern.	❑

☒ Merken: Bei einem Gastspieldirektionsvertrag bestehen zwei voneinander zu unterscheidende Vertragsverhältnisse, nämlich zwischen dem Künstler und der Gastspieldirektion (Künstlervertrag) sowie zwischen der Gastspieldirektion und dem Veranstalter (Gastspieldirektionsvertrag).

Die Gastspieldirektion tritt nicht als Vertreter des Künstlers auf, sondern wird selbst Vertragspartner des Veranstalters.

3.2.1.3 Managementvertrag

Vertragsgegenstand

Gegenstand eines Managementvertrages sind Regelungen zwischen Künstler und Manager im Hinblick auf die Zusammenarbeit bei der Förderung der Karriere des Künstlers.

Im deutschsprachigen Raum werden in der Regel Aufgaben des Künstlermanagers und des Künstleragenten von einer Person wahrgenommen.

Als Gegenleistung für seine Dienstleistung erhält der Manager eine Beteiligung an den vertragsgegenständlichen Einnahmen, die dem Künstler während der Vertragszeit zufließen.

Problem: Beteiligung an Einnahmen aus Verwertungsgesellschaften.

Bei den Vertragsverhandlungen besteht häufig Uneinigkeit darüber, ob der Manager auch eine Beteiligung an den Einnahmen des Künstlers aus Einnahmen von Verwertungsgesellschaften, wie zum Beispiel GEMA oder GVL erhalten soll. Der Künstler wird hierbei in der Regel so argumentieren, dass es sich bei diesen Einnahmen unter anderem auch um seine „Altersvorsorge“ handelt, während der Manager so argumentieren wird, dass wenn mehr Platten verkauft werden bzw. die Aufnahmen häufig gesendet werden, dies auch auf seine Arbeit zurückzuführen ist. Letztendlich ist es eine Frage der Verhandlungsstärke, was hier im Vertrag festgehalten wird.

Rechtsnatur

Die Rechtsnatur eines Managementvertrages entspricht der eines Dienstvertrages.

Checkliste

Aufgaben und Pflichten des Managers	❑
Aufgaben des Künstlers	❑
Exklusivität	❑
Informationspflicht	❑
Mitwirkungspflicht	❑
Grundsätze der Zusammenarbeit	❑
Vollmacht des Managers	❑
Vergütung des Managers	❑
Rechenschaftsverpflichtungen	❑
Laufzeit und Kündigung des Vertrages	❑

Merken: Vertragspartner des Veranstalters wird nicht der Manager, sondern der Künstler selbst.

3.2.2 Veranstaltungsverträge

3.2.2.1 Konzertvertrag

Vertragsgegenstand

Regelung zwischen Künstler und Veranstalter hinsichtlich der Erbringung einer Konzertleistung und der dafür zu zahlenden Vergütung.

Rechtsnatur

Die Rechtsnatur eines Konzertvertrages kann unterschiedlicher Art sein. In Betracht kommen insbesondere ein selbständiger Dienstvertrag, ein unselbständiger Dienstvertrag sowie ein Werkvertrag.

Konzertvertrag als selbständiger Dienstvertrag:

- Künstler erbringen eine eigenständige, weisungsunabhängige künstlerische Leistung durch Darbietung eines Programms, auf dessen Inhalt und Gestaltung der Veranstalter keinen Einfluss nehmen kann.
- Der Veranstalter verpflichtet sich im Gegenzug, dem Künstler hierfür eine bestimmte Vergütung zu zahlen und die im Vertrag vereinbarten Auftrittsvoraussetzungen zu schaffen bzw. zur Verfügung zu stellen.

Konzertvertrag als unselbständiger Dienstvertrag:

- Teilweise kann es sich bei einem Konzertvertrag auch um einen sogenannten unselbständigen Dienstvertrag handeln. Dies ist insbesondere dann der Fall, wenn der Künstler in den jeweiligen Organisationsbetrieben des Auftraggebers eingegliedert ist und der Auftraggeber gegenüber dem Künstler Weisungen erteilen kann. Beispielsweise ist dies regelmäßig bei festangestellten Orchestermusikern eines Opernhauses der Fall.

Konzertvertrag als Werkvertrag:

Während der Gegenstand des Dienstvertrages die Verpflichtung zum Tätigwerden ist, wird beim Werkvertrag die Herbeiführung eines "Erfolges" geschuldet. Als Gegenleistung ist der Veranstalter zur Entrichtung der vereinbarten Vergütung verpflichtet.

3.2.2.2 Rechtsfolgen der Beurteilung als selbstständiger Dienstvertrag oder Werkvertrag

Bei einem Werkvertrag stehen dem Veranstalter bei einem mangelhaften Werk z.B. Minderungs- und Schadensersatzansprüche zu (diese Gewährleistungsansprüche müssen bei Abnahme des Werkes vorbehalten werden).

Beim Dienstvertrag scheidet eine nachträgliche Minderung des Honorars aus. Der Veranstalter muss hier den Schadensersatzanspruch als sogenannte positive Vertragsverletzung bzw. gem. § 280 BGB geltend machen und dem Künstler ein Verschulden nachweisen.

Beim Werkvertrag kann der Veranstalter bis Vollendung des Werkes jederzeit ohne Angabe von Gründen den Vertrag kündigen. Er bleibt jedoch in diesem Fall verpflichtet, dem Künstler die vereinbarte Vergütung abzgl. der ersparten Aufwendungen zu bezahlen.

Checkliste

Exakte Bezeichnung der Vertragsparteien	☐
Vertretungsverhältnisse	☐
Auftrittsort	☐
Termin und Spielzeit	☐
Vergütung (Höhe, Fälligkeit)	☐
Vergütungsempfänger	☐
Regelung von Steuerfragen	☐
Werbung	☐
Kosten von Ton- und Lichtanlage	☐
Folgen bei Ausfall der Veranstaltung	☐
Audiovisuelle Aufzeichnung	☐
Zusatzvereinbarung	☐
Schriftform	☐
Anwendbares Recht	☐
Salvatorische Klausel	☐

3.2.2.3 Tourneevertrag

Vertragsgegenstand

Vertragsgegenstand des Tourneevertrages ist die Verpflichtung des Künstlers gegenüber dem Veranstalter nicht nur für eine einzelne Aufführung zur Verfügung zu stehen, sondern für eine Reihe von Aufführungen an verschiedenen Orten.

Rechtsnatur und Regelungsbedarf

Hinsichtlich der Rechtsnatur und des Regelungsbedarfes kann hier auf die Ausführungen zum Konzertvertrag verwiesen werden.

3.2.2.4 Kooperationsvereinbarung

Vertragsgegenstand

Regelung, dass dem Künstler der gesamte Veranstaltungsumsatz zustehen soll und der Veranstalter für seine Dienstleistung (Organisation und Durchführung der Veranstaltung) mit einem gewissen Prozentsatz am Umsatz beteiligt wird. Dies führt dazu, dass der Künstler die typischen Veranstalterleistungen erbringt und auch das kaufmännische Risiko trägt.

Gleiches gilt bei der Kooperation von Tourneeveranstaltern, die bei der Durchführung einzelner Veranstaltungen sich der Hilfe örtlicher Veranstalter bedienen. Der örtliche Veranstalter erhält nur eine prozentuale Umsatzbeteiligung.

Tourneeveranstalter/örtlicher Veranstalter

Der örtliche Veranstalter übernimmt die organisatorische Durchführung der Veranstaltung. Häufig geschieht dies in fremdem Namen für fremde Rechnung.

Die Durchführung einer Veranstaltung wird durch Vertrag einem örtlichen Veranstalter übertragen. Die Veranstaltungsrisiken werden zwischen den Parteien aufgeteilt. Der örtliche Veranstalter übernimmt die Durchführungskosten und der Tourneeveranstalter die Produktionskosten.

"Produktionskosten" sind jene Kosten, welche im Hinblick auf den Künstler aufgewandt werden müssen, um ihn auf der Bühne zu produzieren.

"Durchführungskosten" sind die Kosten, die erforderlich sind, um das Konzert vor Ort zu organisieren, dem Künstler eine spielfertige Bühne zu bieten und die Veranstaltungslokalitäten dem Publikum zugänglich zu machen.

Künstler und Veranstalter

Die Vereinbarungen über prozentuale Einnahme, Aufteilungen zwischen Künstlern und Veranstaltungen entsprechen den Kooperationsinhalten zwischen Tournee- und örtlichen Veranstaltern.

Kombination von prozentualer Beteiligung und Garantiezahlung

In der Regel wird auch die prozentuale Aufteilung der Einnahmen mit einer vom Veranstalter zu leistenden Garantiezahlung kombiniert [1].

---

[1] (vgl. zum Thema Veranstaltungsverträge Jens Michow im Handbuch der Musikwirtschaft, 6. Auflage 2003, Seite 1257 ff)

Checkliste

Regelungsbedarf	❑
Exakte Bezeichnung der Vertragspartner	❑
Genaue Vereinbarung der Eckdaten	❑
Die Einnahme-Aufteilung bzw. finanzielle Regelung	❑
Definition der Produktions- bzw. Durchführungskosten	❑
Haftungsregelung im Innenverhältnis bei Inanspruchnahme durch Dritte	❑
Übernahme der Werbung	❑
Übernahme Kartendruck/Verkauf	❑
Rechtliche Folgen der Auswahl bei der Veranstaltung	❑
Einholung der örtlichen Genehmigung	❑

Merken: Bei Verträgen im Veranstaltungsbereich ist zunächst zwischen Künstlervermittlung und den eigentlichen Veranstaltungsverträgen zu unterscheiden. Zu den Verträgen der Künstlervermittlung zählen insbesondere folgende Verträge:

- Agenturvertrag,
- Gastspieldirektionsvertrag,
- Managementvertrag.

Zu den eigentlichen Veranstaltungsverträgen zählen

- der Künstler- und/oder Konzertvertrag,
- der Tourneevertrag,
- Kooperationsvereinbarungen.

Zu berücksichtigen ist, dass die Terminologie der Veranstaltungsverträge nicht einheitlich ist, so wird beispielsweise der Künstlervertrag auch häufig Gastspielvertrag genannt.

3.2.3 Zuschauer- oder Veranstaltungsbesuchervertrag

3.2.3.1 Vertragsgegenstand

Der Veranstalter verpflichtet sich zur Erbringung einer bestimmten Veranstaltung, für die der Zuschauer oder Besucher ein Eintrittsgeld entrichtet. Veranstalter ist dabei der in organisatorischer und finanzieller Hinsicht Verantwortliche, der die Vorbereitung und Durchführung der Veranstaltung übernimmt und das unternehmerische Risiko trägt.

3.2.3.2 Rechtsnatur

Die Rechtsnatur des Zuschauer- oder Veranstaltungsbesuchervertrages kann unterschiedlicher Art sein. In Betracht kommt ein Werkvertrag aber auch ein gemischttypischer Vertrag. Der Veranstalter schuldet dabei die Organisation und Durchführung der Veranstaltung (werkvertragliche Elemente gemäß §§ 631 ff BGB). Zusätzlich muss der Veranstalter in der Regel auch den Besuchern entsprechende Plätze zur Verfügung stellen (mietvertragliche Elemente gemäß §§ 535 ff BGB).

3.2.3.3 Rechtsfolgen bei Leistungsstörungen

Im Bereich der Zuschauer- und Veranstaltungsbesucherverträge kommt es immer wieder zu Leistungsstörungen, wie zum Beispiel Ausfall der Veranstaltung, Abbruch der Veranstaltung, Verzögerung der Veranstaltung etc..

Ausfall der Veranstaltung

Liegt der Hinderungsgrund in der Sphäre des Besuchers, zum Beispiel weil dieser aufgrund einer Erkrankung das Konzert nicht besuchen kann, steht dem verhinderten Besucher kein Anspruch auf Rückerstattung zu (§ 324 Abs. 1 BGB).

Kann der Veranstalter den Nachweis führen, dass er den Ausfall nicht zu vertreten hat, wird er von seiner Leistungspflicht frei. Allerdings bleibt er zur Rückzahlung des Eintrittspreises verpflichtet.

Abbruch

Beim Abbruch von Veranstaltungen ist zwischen den ergebnisorientierten Veranstaltungen, wie zum Beispiel einem Fussballspiel oder einer ergebnisunabhängigen Veranstaltung wie zum Beispiel einer Musik- oder Schauspielaufführung zu differenzieren.

Hinsichtlich ergebnisorientierten Veranstaltungen gilt das zum Ausfall der Veranstaltung Gesagte entsprechend.

Hingegen kommt bei Abbrüchen im Rahmen von ergebnisunabhängigen Veranstaltungen insbesondere eine Minderung des Eintrittsgeldes in Betracht. Allerdings muss hier zwischen Musik- und Schauspielaufführungen unterschieden werden.

Bei einer Schauspielaufführung wird grundsätzlich nur die vollständige Aufführung als Vertragserfüllung angesehen. Die Besucher bzw. Zuschauer haben dann einen Anspruch auf Rückzahlung der Eintrittsgelder. Etwas anderes kann nur dann gelten, wenn es sich um die Aufführung von mehreren eigenständigen Stücken handelt.

Bei Musikaufführungen wird in der Regel davon ausgegangen, dass mindestens eine gewisse Teilleistung durch das Spielen einzelner Musikstücke erbracht und somit einen Anspruch auf Teilvergütung entstanden ist.

Verzögerung des Veranstaltungsbeginns

Die Verzögerung des Veranstaltungsbeginns führt zu einem Rücktrittsanspruch des Besuchers und damit zu einem Anspruch auf Rückzahlung des größten Teils des Eintrittspreises. Allerdings sind leichte Verzögerungen bei Veranstaltungen üblich, so dass noch eine gewisse Unzumutbarkeit in Bezug auf die Hinnahme der Verspätung erforderlich ist.

Mangelhafte Durchführung

Bei nicht nur ganz unerheblichen Beeinträchtigungen kann ein Anspruch zur Minderung oder Rückerstattung des Eintrittspreises bestehen.

Die Anspruchsgrundlage richtet sich nach der jeweiligen Rechtsnatur des Vertrages.

Merken: Die Rechtsnatur von Zuschauer- oder Veranstaltungsbesucherverträgen kann unterschiedlicher Art sein. In Betracht kommen ein Werkvertrag oder ein sogenannter gemischttypischer Vertrag.

Bei Leistungsstörungen im Bereich der Zuschauer- und Veranstaltungsbesucherverträge ist zwischen der Art der Leistungsstörung, wie Abbruch und Verzögerung zu unterscheiden.

Beim Abbruch richten sich die Rechtsfolgen bei einer Leistungsstörung danach, ob es sich um eine ergebnisorientierte Veranstaltung oder eine ergebnisunabhängige Veranstaltung handelt.

3.2.4 Locationverträge

3.2.4.1 Vertragsgegenstand

Gegenstand des Vertrages ist die Überlassung von Räumlichkeiten und/oder Gebäuden für eine Veranstaltung. Der Vermieter erhält hierfür eine Vergütung vom Veranstalter.

3.2.4.2 Rechtsnatur

In der Regel handelt es sich beim Locationvertrag um einen Mietvertrag zwischen dem Veranstalter und dem Vermieter auf Gebrauchsüberlassung der Location gegen Bezahlung eines Entgeltes.

3.2.4.3 Mängel der Veranstaltungsräumlichkeiten

Mängel bei Veranstaltungsräumlichkeiten liegen grundsätzlich in der Risikosphäre des Vermieters. Lag der Mangel bereits bei Abschluss des Mietvertrags vor, so haftet der Vermieter grundsätzlich auch dann, wenn ihn kein Verschulden trifft (§ 536 Abs. 1 BGB).

Bei Unbenutzbarkeit der Veranstaltungsräumlichkeiten ist der Mieter von einer Mietzahlungspflicht befreit und kann bei Verschulden des Mieters Schadensersatz wegen Nichterfüllung verlangen (§ 536 a BGB).

Checkliste

Genaue Bezeichnung der Vertragsparteien	❑
Mietgegenstand	❑
Mietzeit	❑
Mietzins und Serviceleistungen	❑
Höhere Gewalt	❑
Haftung	❑
Benutzungsbedingungen	❑
Formvereinbarungen	❑
Anwendbares Recht	❑
Gerichtsstand	❑
Salvatorische Klausel	❑

3.2.5 Sponsoringvertrag

Veranstaltungen sind in den vergangenen Jahren immer aufwendiger geworden. Die finanziellen Aufwendungen, die zur erfolgreichen Durchführung einer Veranstaltung notwendig sind, werden damit immer größer. In der Praxis kann ein Veranstalter eine Veranstaltung nicht mehr ohne Werbe- und Sponsorenpartner durchführen.

Vertragsgegenstand

Der Sponsor stellt dem Gesponsorten Geld, Sachmittel oder Dienstleistungen zur Verfügung und erhält im Gegenzug die werblichen Nutzungsrechte des Gesponsorten. Diese werden teilweise nur einem Sponsor, häufig aber auch mehreren Sponsoren eingeräumt.

Rechtsnatur

Der Sponsorenvertrag enthält Elemente eines Dienst-, Kauf-, Tausch-, Pacht-, Werk- und Mietvertrags. Es handelt sich dabei um einen atypischen gegenseitigen Vertrag.

Checkliste

Bezeichnung der Leistungen des Sponsors	❑
Genaue Bezeichnung der Gegenleistungen, die der Sponsor erhält.	❑
Können Verträge mit weiteren Sponsoren abgeschlossen werden (Ausschließlichkeit)	❑
Verwendung der vom Sponsor zur Verfügung gestellten Leistungen ausdrücklich für den vereinbarten Zweck (Zweckbindung)	❑
Vertraulichkeit	❑
Erfüllungsort	❑
Anwendbares Recht	❑
Gerichtsstand	❑
Schriftform	❑
Salvatorische Klausel	❑

Merken: In der Veranstaltungsbranche gibt es für zahlreiche Verträge keine einheitliche Terminologie. Viele Verträge der Veranstaltungsbranche sind nicht ausdrücklich im Gesetz geregelt, sondern setzen sich aus unterschiedlichen Vertragstypen wie Dienst-, Werk-, Mietvertrag etc. zusammen. Die Anwendung der einschlägigen gesetzlichen Vorschriften und deren Anpassung auf typische Vertragsinhalte und Bedürfnisse bei Veranstaltungen ist daher von ausschlaggebender Bedeutung.

Kontrollfragen

Was ist der Gegenstand eines Agenturvertrages?

Welche Rechtsnatur kann ein Agenturvertrag haben?

Was sind die Rechtsfolgen bei der Annahme, dass ein Agenturvertrag einen Geschäftsbesorgungsvertrag darstellt?

Was sind die Rechtsfolgen unter der Annahme, dass der Agenturvertrag einen Maklervertrag darstellt?

Was sind die Rechtsfolgen unter der Annahme, dass der Agenturvertrag einen Handelsvertretervertrag darstellt?

Was ist hinsichtlich der Wirksamkeit von Agenturverträgen zu berücksichtigen?

Was ist der Unterschied zwischen einer Gastspieldirektion und einer Agentur?

Was ist Gegenstand eines Gastspieldirektionsvertrages?

Was ist Gegenstand eines Konzertvertrages?

Welche Rechtsnatur kommt für einen Konzertvertrag in Betracht?

Welche Rechtsfolgen ergeben sich unter der Annahme, dass ein Konzertvertrag einen selbstständigen Dienstvertrag darstellt?

Welche Rechtsfolgen ergeben sich unter der Annahme, dass ein Konzertvertrag einen Werkvertrag darstellt?

Was ist Gegenstand eines Tourneevertrages?

Kontrollfragen

Was ist Gegenstand einer Kooperationsvereinbarung?

Was ist Gegenstand eines Managementvertrages?

Was ist die Rechtsnatur eines Zuschauer- oder Veranstaltungsbesuchervertrages?

Welche Rechtsfolgen treten bei Leistungsstörungen im Bereich der Zuschauer- und Veranstaltungsbesucherverträge ein?

Welche Rechtsnatur hat ein Sponsoringvertrag?

Welche Punkte sollten in einem Sponsoringvertrag geregelt werden?

4 Veranstaltung und Haftung

4.1 Einleitung

Es liegt in der Natur einer Veranstaltung mit vielen Besuchern, dass die Gefahr besteht, dass sich jemand verletzt, Gegenstände beschädigt werden oder in Extremfällen Besucher getötet werden (zum Beispiel durch herumfliegende Wrackteile nach einem Unfall bei einem Autorennen oder Sturz in eine Baugrube auf dem Veranstaltungsgelände). Das Haftungsrisiko führt daher bei manchem Veranstalter zu schlaflosen Nächten. Dieses Kapitel soll einen Überblick über die Haftungsgrundlagen und über die Möglichkeiten der Haftungsbeschränkung bzw. des Haftungsausschlusses geben. Ferner soll auch die strafrechtliche Verantwortung aufgezeigt werden.

4.2 Die unterschiedlichen Arten der Haftung bei Veranstaltungen

Bei den Arten der Haftung ist im wesentlichen zwischen der vorvertraglichen, der vertraglichen und der deliktischen Haftung zu unterscheiden.

4.2.1 Vorvertragliche Haftung

Eine Haftung des Veranstalters gegenüber seinem Vertragspartner nämlich dem Besucher, Zuschauer oder Gast einer Veranstaltung kommt bereits vor Abschluss eines Vertrages zwischen dem Veranstalter und dem Besucher, Zuschauer oder Gast in Betracht. Liegt ein Verschulden bei Vorabvertragsabschluss durch den Veranstalter vor, kann dies bereits Haftungsansprüche auslösen. Ein vorvertragliches Schuldverhältnis mit Haftungsansprüchen gegen dem Veranstalter entsteht gemäß § 311 Abs. 2 BGB durch

- die Aufnahme von Vertragsverhandlungen,
- die Anbahnung eines Vertrages, bei welcher der eine Teil im Hinblick auf eine etwaige rechtsgeschäftliche Beziehung dem anderen Teil die Möglichkeit zur Einwirkung auf seine Rechte, Rechtsgüter und Interessen gewährt oder ihm diese anvertraut,
- oder ähnliche geschäftliche Kontakte.

Best practice

Stürzt ein potenzieller Kunde vor dem Kauf des Veranstaltungstickets im Ticketcenter des Veranstalters über herumliegende und nicht abgesicherte Veranstaltungsmaterialien, kann dies einen Anspruch aus vorvertraglicher Haftung auslösen.

Rechtsfolgen bei einer vorvertraglichen Haftung

Der Veranstalter muss den Zustand herstellen, der bestehen würde, wenn der zum Ersatz verpflichtende Umstand nicht eingetreten wäre.

Merken: Eine Haftung des Veranstalters kann schon vor Abschluss eines Vertrages, zum Beispiel durch die Aufnahme von Vertragsverhandlungen begründet werden.

4.2.2 Vertragliche Haftung

Bei der vertraglichen Haftung ist zwischen der Verletzung von Hauptleistungs- und Nebenleistungspflichten zu unterscheiden. So stellt die Nichtzurverfügungstellung der angemieteten Location eine Verletzung einer Hauptleistungspflicht aus dem Mietvertrag, nämlich die Zurverfügungstellung der Räumlichkeiten dar. Die Gewährleistung einer sicheren Location betrifft eine Nebenleistungspflicht des Vermieters. Als Nebenleistungspflichten kommen insbesondere Vorbereitungs-, Obhuts-, Erhaltungs-, Aufbewahrungs- und Auskunfts-, Anzeige- oder Geheimhaltungspflichten in Betracht.

Grundsätzlich gilt, dass, wenn der Veranstalter seine Pflichten aus dem Schuldverhältnis durch ein Handeln oder Unterlassen verletzt und dem Vertragspartner hierdurch ein Schaden entstanden ist und der Veranstalter die Pflichtverletzung zu vertreten hat, ein Schadensersatzanspruch besteht. Der Veranstalter hat die Pflichtverletzung zu vertreten, wenn er vorsätzlich oder fahrlässig gehandelt hat. Fahrlässig handelt, wer die im Verkehr erforderliche Sorgfalt außer acht gelassen hat. Dabei ist zu berücksichtigen, dass bei einem vertraglichen Schadensersatzanspruch der Veranstalter auch für Pflichtverletzung seiner Mitarbeiter, derer er sich zur Erfüllung seiner Pflichten bedient, haftet (sogenannte Haftung für Erfüllungsgehilfen).

Merken: Verletzt der Veranstalter eine Pflicht aus dem Vertrag vorsätzlich oder fahrlässig, hat er dem Vertragspartner den dadurch entstehenden Schaden zu ersetzen.

4.2.3 Haftung aus unerlaubter Handlung

Die Haftung aus unerlaubter Handlung (sogenannte deliktische Haftung) ist im § 823 BGB geregelt. § 823 BGB lautet wie folgt:

§ 823 BGB

(1) *Wer vorsätzlich oder fahrlässig das Leben, den Körper, die Gesundheit, die Freiheit, das Eigentum oder ein sonstiges Recht eines anderen verletzt, ist dem anderen zum Ersatz des daraus entstehenden Schadens verpflichtet.*

(2) *Die gleiche Verpflichtung trifft denjenigen, welcher gegen ein den Schutz eines anderen bezweckendes Gesetz verstößt. Ist nach dem Inhalt des Gesetzes ein Verstoß gegen dieses auch ohne Verschulden möglich, so tritt die Ersatzpflicht nur im Falle des Verschuldens ein.*

Die Verletzung der in § 823 Abs. 1 *BGB* genannten Rechtsgüter kann durch eine Handlung aber auch durch ein Unterlassen verwirklicht werden. Zu den Schutzgesetzen im Sinne des § 823 Abs. 2 *BGB* zählen vor allem strafrechtliche Bestimmungen.

Im Bereich der deliktischen Haftung ist auch die Verletzung der sogenannten **Verkehrssicherungspflicht** anzusiedeln.

Die Verkehrssicherungspflicht für den Veranstalter kann sich ergeben aus Verkehrsöffnung, aus Teilnahme am Verkehr, aus tatsächlicher Verfügungsgewalt über gefährliche Gegenstände oder Unternehmen.

Es gilt dann, dass der Veranstalter diejenigen Vorkehrungen zu treffen hat, die nach den Sicherheitserwartungen des jeweiligen Verkehrs im Rahmen des wirtschaftlich Zumutbaren geeignet sind, Gefahren von Dritten, wie zum Beispiel den Besuchern tunlichst abzuwenden, die bei bestimmungsgemäßen oder bei nicht ganz fern liegender bestimmungswidriger Benutzung drohen.

Dabei haftet der Veranstalter gemäß § 831 *BGB* auch für den sogenannten Verrichtungsgehilfen, also für denjenigen, den er zur Verrichtung einer Angelegenheit bestellt und der dabei einem Dritten einen Schaden zugefügt hat. Es handelt sich dabei um eine Haftung für eigenes Verschulden. Der Veranstalter kann sich jedoch entlasten, wenn er nachweisen kann, dass er bei der Auswahl der bestellten Person die im Verkehr erforderliche Sorgfalt angewandt hat oder der Schaden auch bei Anwendung dieser Sorgfalt entstanden wäre.

Darüber hinaus muss der Veranstalter durch Anweisungen gewährleisten, dass eine Schädigung Dritter durch betriebliche Abläufe und Arbeitsläufe verhindert wird. Führt ein Organisationsmangel zur Verletzung von Verkehrspflichten, kommt eine Haftung des Veranstalters wegen Organisationsverschulden gemäß § 823 Abs. 1 *BGB* oder §§ 31, 823 Abs. 1 *BGB* in Betracht.

☒ **Merken: Eine Haftung des Veranstalters wegen Verletzung von Verkehrssicherungspflichten kommt unter folgenden Voraussetzungen in Betracht:**

- **Bestehen einer Verkehrssicherungspflicht**
- **Verletzung der Verkehrssicherungspflicht**
- **Ursächlichkeit zwischen Verletzungshandlung und Schaden (Kausalität)**
- **Schaden**

4.3 Rechtsfolgen

Die Rechtsfolgen bei einer vertraglichen und/oder deliktischen Haftung ergeben sich aus den §§ 249 ff *BGB*.

Danach gilt:

Wer zum Schadensersatz verpflichtet ist, hat zunächst den Zustand herzustellen, der bestehen würde, wenn der zum Ersatz verpflichtende Umstand nicht eingetreten wäre. Es handelt sich hierbei um die sogenannte Naturalrestitution § 249 Abs. 1 *BGB*.

Anstelle der Herstellung kann der Geschädigte bei der Verletzung einer Person oder wegen Beschädigung einer Sache den für die Herstellung erforderlichen Geldbetrag verlangen (§ 249 Abs. 2). Der zu ersetzende Schaden umfasst auch den entgangenen Gewinn. Als entgangener Gewinn gilt derjenige, welcher nach dem gewöhnlichen Lauf der Dinge oder nach den besonderen Umständen insbesondere nach den getroffenen Anstalten und Vorkehrungen mit Wahrscheinlichkeit erwartet werden konnte (§ 252 *BGB*).

Gemäß 253 *BGB* ist auch der immaterielle Schaden, zum Beispiel in Form von Schmerzensgeld, zu ersetzen, also der Schaden, der kein Vermögensschaden ist, wie zum Beispiel bei der Verletzung des Körpers, der Gesundheit, der Freiheit oder der sexuellen Selbstbestimmung.

Zu berücksichtigen ist auch, dass für den Fall, dass bei der Entstehung des Schadens ein Verschulden des Beschädigten mitgewirkt hat, die Verpflichtung zum Ersatze sowie der Umfang des zu leistenden Ersatzes von den Umständen, insbesondere davon abhängt, inwieweit der Schaden vorwiegend von dem einen oder dem anderen Teil verursacht worden ist. Bei einem überwiegenden Verschulden des Geschädigten, kann dies sogar zu einem vollständigen Haftungsausschluss führen. Darüber hinaus hat der Geschädigte auch eine sogenannte Schadensabwendungs- und

Minderungspflicht. Das heißt, er hat alles zu tun, dass der eingetretene Schaden sich nicht noch vergrößert.

4.4 Freizeichnung von vertraglicher und deliktischer Haftung

Grundsätzlich besteht die Möglichkeit für den Veranstalter, seine Haftung durch einzelvertragliche Regelungen oder durch Regelungen in allgemeinen Geschäftsbedingungen zu begrenzen. Dabei ist jedoch zu berücksichtigen, dass der Haftungsfreizeichnung durch die gesetzlichen Regelungen Grenzen gesetzt sind.

Der Haftungsausschluss für vorsätzliches Verhalten kann im Voraus nicht vereinbart werden.

Ferner gilt, dass ein Ausschluss oder eine Begrenzung der Haftung für Schäden aus der Verletzung des Lebens, des Körpers oder der Gesundheit, die auf einer fahrlässigen Pflichtverletzung des Verwenders oder einer vorsätzlichen oder fahrlässigen Pflichtverletzung eines gesetzlichen Vertreters oder Erfüllungsgehilfen des Verwenders der allgemeinen Geschäftsbedingungen beruhen, unwirksam ist.

Ein Ausschluss oder eine Begrenzung der Haftung für sonstige Schäden, die auf einer grob fahrlässigen Pflichtverletzung des Verwenders oder auf einer vorsätzlichen oder grob fahrlässigen Pflichtverletzung eines gesetzlichen Vertreters oder Erfüllungsgehilfen des Verwenders beruht, ist ebenfalls unzulässig.

4.5 Strafrechtliche Verantwortlichkeit

Bei der vertraglichen oder deliktischen Haftung bleibt die Verantwortlichkeit des Veranstalters bei der Verwirklichung von Straftatbeständen bestehen. So kann zum Beispiel, wenn durch die Verletzung einer Verkehrssicherungspflicht durch den Veranstalter ein Besucher sich schwer verletzt oder gar zu Tode kommt, der Straftatbestand einer fahrlässigen Körperverletzung oder fahrlässigen Tötung gegeben sein.

Merken: Neben einer zivilrechtlichen Haftung des Veranstalters zum Beispiel auf Ersatz von Schadensersatzansprüchen, kann auch eine strafrechtliche Verantwortung des Veranstalters bestehen.

Bei der Haftung des Veranstalter ist im wesentlichen zwischen einer vertraglichen und deliktischen Haftung zu unterscheiden.

Bei der vertraglichen Haftung muss zwischen der Verletzung von Hauptleistungs- und Nebenleistungspflichten differenziert werden.

Die Anspruchsgrundlage für die deliktische Haftung befindet sich im wesentlichen in § 823 BGB. Bei der Verletzungshandlung ist erforderlich, dass der Veranstalter zumindest fahrlässig oder vorsätzlich gehandelt hat.

Merken: Bei der vertraglichen Haftung besteht eine Haftung für das Verhalten der Mitarbeiter gemäß § 278 BGB.

Bei der deliktischen Haftung haftet der Veranstalter für seine Verrichtungsgehilfen gemäß § 831 BGB. Er hat diesbezüglich jedoch die Möglichkeit nachzuweisen, dass er seine Verrichtungsgehilfen sorgfältig ausgewählt hat.

Falls eine vertragliche oder deliktische Haftung dem Grunde nach gegeben ist, besteht ein Anspruch auf Schadensersatz bzw. Schmerzensgeld.

Haftungsrechtliche Freizeichnungsklauseln sind grundsätzlich möglich. Allerdings bestehen für diese weitreichende gesetzliche Beschränkungen. Neben der zivilrechtlichen Verantwortlichkeit ist auch die strafrechtliche Verantwortlichkeit des Veranstalters gegeben.

Checkliste

Minimierung des Haftungsrisikos – Einholung sämtlicher behördlicher Genehmigungen	❑
Treffen von entsprechenden Sicherungsmaßnahmen	❑
Sorgfältige Auswahl von Mitarbeitern	❑
Sorgfältige Auswahl von freien Mitarbeitern/Subunternehmern	❑
Ausführliche Anweisungen an Mitarbeiter/Subunternehmer	❑
Vereinbarung von Haftungsfreizeichnungsklauseln soweit möglich	❑
Abschluss von entsprechenden Versicherungen (zum Beispiel Haftpflichtversicherung)	❑

Kontrollfragen

Welche unterschiedlichen Arten der Haftung bei Veranstaltungen gibt es?

Was sind die Rechtsfolgen bei einer vorvertraglichen Haftung?

Wann besteht eine Haftung aus unerlaubter Handlung?

Was ist die Verkehrssicherungspflicht?

Welche Rechtsfolgen ergeben sich bei einer vertraglichen und/oder deliktischen Haftung?

Wie kann man sich von vertraglicher und deliktischer Haftung freizeichnen?

5 Wichtige presse- und rundfunkrechtliche Bestimmungen für die Durchführung von Veranstaltungen

5.1 Einführung

Der finanzielle Erfolg von Veranstaltungen ist häufig von der Berichterstattung in den Printmedien, im Rundfunk oder im Fernsehen abhängig. Für den Veranstalter ist es daher notwendig, sich einen Überblick über die wesentlichen presse-, rundfunk- und fernsehrechtlichen Bestimmungen zu verschaffen.

5.2 Bestimmungen Presserecht

Zunächst ist zu berücksichtigen, dass die Pressefreiheit über Artikel 5 Abs. 1 Satz 2, erste Alternative GG geschützt ist, so dass ein Einschreiten gegen Presseorgane nur in begrenztem Umfang möglich ist. Ferner ist gemäß Artikel 5 GG auch die sogenannte Meinungsfreiheit geschützt.

5.3 Möglichkeiten des Veranstalters sich gegen Presseberichterstattung zur Wehr zu setzen

5.3.1 Gegendarstellungsanspruch

Ein Gegendarstellungsanspruch besteht, wenn in einem periodischen Druckwerk oder in einer bestimmten Sendung eine den Veranstalter betreffende unzutreffende Tatsachenbehauptung aufgestellt wird.

Die Anspruchsgrundlagen für einen Gegendarstellungsanspruch finden sich mit teils unterschiedlichen Regelungen über Fristen,

Form, Anspruchsberechtigtem und Anspruchsgegner in den Landespressegesetzen, Landesrundfunkgesetzen und in den Rundfunkstaatsverträgen. Anspruchsberechtigt ist in der Regel jeder von der Veröffentlichung Betroffene. Anspruchsgegner ist in der Regel der Verleger und der verantwortliche Redakteur, bei Rundfunksendungen in der Regel die ausstrahlende Anstalt.

Das Gegendarstellungsverlangen ist in der Regel unverzüglich zu stellen.

Die Gegendarstellung bedarf der Schriftform und der eigenhändigen Unterzeichnung durch den Betroffenen.

Liegen diese Voraussetzungen vor, kann der Veranstalter verlangen, dass das entsprechende Medium eine von ihm selbstverfasste Gegendarstellung in gleicher Weise veröffentlicht wie die Erstmitteilung.

5.3.2 Unterlassungsanspruch

Bei unrichtigen Tatsachenbehauptungen und teilweise auch bei ehrenrührigen Werturteilen kann im Falle der Wiederholungsgefahr die Unterlassung verlangt werden.

Die Rechtsgrundlagen finden sich im BGB.

5.3.3 Widerrufsanspruch

Hinsichtlich unrichtiger Tatsachenbehauptungen ist darüber hinaus ein Widerrufsverlangen zulässig.

5.3.4 Zahlungsansprüche

5.3.4.1 Materieller Schaden

Bei Eingriffen in den Gewerbebetrieb, der regelmäßig bei Veranstaltungen gegeben sein wird, ist ein Anspruch auf den materiellen Schaden gegeben.

5.3.4.2 Immaterieller Schadensersatz

Ein immaterieller Schadensersatz kommt dann in Betracht, wenn ein schwerwiegender Eingriff in das Persönlichkeitsrecht des Veranstalters vorliegt, der nicht in anderer Weise befriedigend ausgeglichen werden kann.

☒ **Merken: Die Pressefreiheit ist über Artikel 5 GG geschützt.**

Dennoch bestehen Möglichkeiten, sich gegen die Presse zur Wehr zu setzen durch

- **Gegendarstellungsanspruch,**
- **Unterlassungsanspruch,**
- **Widerrufsanspruch,**
- **Geltendmachung von Schadensersatzansprüchen.**

Darüber hinaus kann der Veranstalter Unterlassungs-, Herausgabe- und Schadensersatzansprüche geltend machen.

5.4 Rundfunk- und Fernsehrecht

Das Recht auf Freiheit der Berichterstattung durch Rundfunk und Film ist in Artikel 5 Abs. 1 Satz 2, zwei und dritte Alternative GG verankert.

5.4.1 Rundfunkstaatsvertrag

Die wesentlichen Regelungen für Funk und Fernsehen sind unter anderem im Rundfunkstaatsvertrag (RfStV) festgehalten. Dabei gilt:

- Werbung muss im Rundfunk durch akustische und im Fernsehen durch optische Mittel eindeutig von anderen Programmteilen getrennt werden (Trennungsprinzip),
- die Kennzeichnung der Werbung ist vorgeschrieben, entweder durch ein eingespieltes „Jingle" oder durch die Einblendung des Wortes „Werbung",
- Werbung oder Werbetreibende dürfen das übrige Programm nicht beeinflussen.

5.4.2 Kurzberichterstattung

Häufig haben die Bürger ein großes Interesse daran, über die Medien über Großveranstaltungen informiert zu werden. Grundsätzlich haben die Veranstalter aus Werbezwecken ebenfalls Interesse an solch einer Berichterstattung. Allerdings steht dabei im Vordergrund eine nur befristete Berichterstattung, da ansonsten für die Besucher und Zuschauer kein großer Anreiz mehr bestehen würde, die Veranstaltung selbst zu besuchen. Das Recht der Kurzberichterstattung ist in § 5 RfStV geregelt. Danach gilt, dass das Recht auf unentgeltliche Kurzberichterstattung über Veranstaltungen und Ereignisse, die öffentlich zugänglich und von allgemeinem Informationsinteresse sind, jedem in Europa zugelassenen Fernsehveranstalter zu eigenen Sendezwecken zusteht.

Weitere Voraussetzungen für die Ausübung des Rechts auf Kurzberichterstattung ist eine Anmeldung des Medienunternehmens beim Veranstalter bis spätestens 10 Tage vor Beginn der Veranstaltung, bei kurzfristigen Veranstaltungen zum frühestmöglichen Zeitpunkt (§ 5 Abs. 8 RfStV).

Die Kurzberichterstattung darf nur zeitlich beschränkt durchgeführt werden. Für kurzfristige und regelmäßig wiederkehrende Veranstaltungen ist eine Höchstdauer von 90 Sekunden festgesetzt.

Der Veranstalter kann die Übertragung oder die Aufzeichnung einschränken oder auch ausschließen, wenn die Durchführung der Veranstaltung dadurch infrage gestellt wird, das sittliche Empfinden der Veranstaltungsteilnehmer gröblich verletzt oder Gründe der öffentlichen Sicherheit und Ordnung einer solchen Aufzeichnung oder Übertragung entgegenstehen würden (§ 5 Abs. 5 RfStV).

Gemäß § 5 Abs. 6 RfStV sind die Medienvertreter verpflichtet, an den Veranstalter das vorgesehene Eintrittsgeld sowie einen Ersatz der Aufwendungen, die dem Veranstalter durch Gewährleistung des Rechts auf Kurzberichterstattung entstehen, zu ersetzen.

Checkliste

Berücksichtigung der Pressefreiheit	❑
Besteht ein Gegendarstellungsanspruch hinsichtlich Tatsachenbehauptungen?	❑
Besteht ein Unterlassungsanspruch wegen unwahrer Tatsachenbehauptungen?	❑
Besteht ein Schadensersatzanspruch gegen die Presse?	❑
Wurde das Trennungsverbot des RfStV berücksichtigt?	❑
Besteht ein Recht zur Kurzberichterstattung?	❑
Rechtzeitige Anmeldung der Kurzberichterstattung?	❑
Überschreitung der zeitlichen Kurzberichterstattung?	❑
Entrichtung des Eintrittsgeldes und Ersatz der Aufwendungen!	❑

Kontrollfragen

Welche presserechtlichen, rundfunk- bzw. fernsehrechtlichen Bestimmungen sind bei der Durchführung einer Veranstaltung zu beachten?

Welche Möglichkeiten hat der Veranstalter sich gegen Presseberichtserstattung zur Wehr zu setzen?

Was besagt das Trennungsgebot?

Unter welchen Voraussetzungen ist eine Kurzberichterstattung über Veranstaltungen, die öffentlich zugänglich und von allgemeinem Informationsinteresse sind, möglich?

6 Urheberrecht für Veranstalter

6.1 Einführung

Jeder Veranstalter hat es in der Regel bei der Planung und Durchführung von Veranstaltungen mit kreativen Leistungen zu tun. Es ist daher unbedingt notwendig, einen Überblick über die wichtigsten Regelungen des Urheberrechts zu haben. Die wichtigsten Regelungen zum Urheberrecht befinden sich in dem Gesetz über Urheberrecht und verwandte Schutzrechte (UrhG). Dabei sollen Urheber von Werken der Literatur, Wissenschaft und Kunst Schutz für ihre Werke genießen.

Das Urheberrecht gewährt den Urhebern Urheberpersönlichkeitsrechte und Verwertungsrechte in Form eines absoluten, ausschließlichen Rechts am Werk. Urheber dürfen ihre Werke nicht nur selbst nutzen, sondern können auch andere von der Benutzung ausschließen. Geschützt sind auch die Erbringer bestimmter Leistungen, die mit dem Urheberrecht verwandt sind, zum Beispiel Sänger, Musiker, Schauspieler, Regisseure, Tonträgerhersteller, Sendeunternehmen, Filmhersteller und Veranstalter. Geschützt wird das geistige Eigentum der Kulturschaffenden.

☒ **Merken: Geschützt wird das geistige Eigentum.**

6.2 Schutzgegenstand

Zu den geschützten Werken der Literatur, Wissenschaft und Kunst gehören insbesondere:

- Sprachwerke, wie Schriftwerke, Reden und Computerprogramme,
- Werke der Musik,
- Pantomimische Werke der Tanzkunst,
- Werke der bildenden Künste einschließlich der Werke der Baukunst und der angewandten Kunst und Entwürfe solcher Werke,
- Lichtbildwerke einschließlich der Werke, die ähnlich wie Lichtbildwerke geschaffen werden,
- Filmwerke einschließlich der Werke, die ähnlich wie Filmwerke geschaffen werden,
- Darstellungen wissenschaftlicher oder technischer Art, wie Zeichnungen, Pläne, Karten, Skizzen, Tabellen und plastische Darstellungen (§ 2 Abs. 1 UrhG).

Bei der Aufzählung der geschützten Werke in § 2 Abs. 1 UrhG handelt es sich um eine nichtabschließende Aufzählung. Das heißt auch dort ausdrücklich nicht genannte Werke können urheberrechtlichen Schutz genießen, wenn es sich um

persönlich geistige Schöpfungen

handelt (§ 2 Abs. 2 UrhG). Eine persönlich geistige Schöpfung liegt vor, wenn das Werk subjektiv neu ist und individuelle Züge des Schöpfers aufweist. Die Leistung des Urhebers muss eine geistige Leistung sein, da das Übliche, auf handwerklichem Können beruhende nicht vom Schutz des Urheberrechtsgesetzes erfasst sein soll. Allerdings sind die Anforderungen an die geistige Leistung bei einigen Werkarten eher niedrig einzustufen (Schutz der sogenannten kleinen Münze).

☒ **Merken: Ein urheberrechtlich geschütztes Werk liegt immer dann vor, wenn es sich um eine persönlich geistige Schöpfung handelt.**

6.3 Rechtsinhaber

6.3.1 Urheber

Gemäß § 7 UrhG ist der Urheber der Schöpfer des Werkes. Dies ist immer eine natürliche Person. Dies gilt auch dann, wenn das Werk im Auftrag eines Bestellers geschaffen worden ist. Allerdings können dem Besteller Nutzungsrechte gemäß §§ 31 ff UrhG eingeräumt werden. Auch der Arbeitnehmer, der in Erfüllung seiner Pflichten aus dem Arbeitsvertrag ein Werk schafft, ist Urheber und nicht der Arbeitgeber. Allerdings muss der Arbeitnehmer Nutzungsrechte in dem Umfang einräumen, wie es der Betrieb des Arbeitgebers erfordert (BGH GRUR 74, 480 – Hummelrechte; BAG GRUR, 84, 429 – Statikprogramme).

☒ **Merken: Urheber ist grundsätzlich immer derjenige, der das Werk geschaffen hat und nicht derjenige, der für die Erstellung des Werkes bezahlt hat.**

6.3.2 Miturheber

Haben mehrere ein Werk gemeinsam geschaffen, ohne dass sich ihre Anteile gesondert verwerten lassen, so sind sie Miturheber des Werkes (§ 8 Abs. 1 UrhG). Das rechtliche Verhältnis der Miturheber untereinander wird zum großen Teil in § 8 UrhG geregelt. Danach gilt Folgendes:

- das Recht zur Veröffentlichung und Verwertung des Werkes steht den Miturhebern zur gesamten Hand zu,
- eine Änderung des Werkes bedarf der Einwilligung der Miturheber. Ein Miturheber darf seine Einwilligung aber nicht wider Treu und Glauben verweigern (§ 8 Abs. 2 Satz 1 UrhG),
- jeder Urheber ist berechtigt, Ansprüche aus Verletzungen des gemeinsamen Urheberrechts geltend zu machen. Er kann jedoch nur Leistungen an alle Miturheber verlangen (§ 8 Abs. 2 Satz 2 UrhG),
- die Erträgnisse aus der Nutzung des Werkes gebühren den Miturhebern nach dem Umfang ihrer Mitwirkung an der Schöpfung des Werkes, wenn nichts anderes zwischen den Miturhebern vereinbart ist (§ 8 Abs. 3 UrhG),
- ein Miturheber kann auf seinen Anteil an den Verwertungsrechten verzichten. Mit der Verzichtserklärung wächst der Anteil den anderen Urhebern zu (§ 8 Abs. 4 UrhG).

Merken: Da den Miturhebern die Einnahmen aus der Nutzung des Werkes nach dem Umfang ihrer Mitwirkung an der Schöpfung des Werkes zusteht, dieser Umfang jedoch im Einzelfall schwer zu bestimmen ist, empfiehlt es sich eine ausdrückliche Vereinbarung zwischen den Urhebern zu treffen.

6.3.3 Urheber verbundener Werke

Haben mehrere Urheber ihre Werke zu gemeinsamer Verwertung miteinander verbunden, so kann jeder vom anderen die Einwilligung zur Veröffentlichung, Verwertung und Änderung der verbundenen Werke verlangen, wenn die Einwilligung dem anderen nach Treu und Glauben zuzumuten ist (§ 9 UrhG).

Best practice

Stammt bei einem Musikwerk die Komposition und der Text nicht von einer Person, sondern wurde von einer Person die Komposition erstellt und von einer anderen Person der Text geschrieben, so handelt es sich um ein verbundenes Werk, so dass sowohl die Komposition als auch der Text isoliert verwertet werden können.

6.3.4 Urheberbezeichnung

Ist eine Urheberbezeichnung auf Vervielfältigungsstücken eines erschienen Werkes oder auf dem Original eines Werkes der bildenden Künste angebracht, hat dies die Folge, dass dieser bis zum Beweis des Gegenteils als Urheber angesehen wird (§ 10 Abs. 1 UrhG).

Best practice

Eine Urheberbezeichnung kann wie folgt aussehen:

„Dieses Werk ist urheberrechtlich geschützt. Sämtliche Rechte liegen beim Veranstalter."

6.4 Inhalt des Urheberrechts

Das Urheberrecht schützt den Urheber in seinen geistigen und persönlichen Beziehungen zum Werke und in der Nutzung des Werkes. Es dient darüber hinaus der Sicherung einer angemessenen Vergütung für die Nutzung des Werkes (§ 11 UrhG). Beim Schutz des Urhebers unterscheidet das Urheberrechtsgesetz zwischen den Urheberpersönlichkeitsrechten und den Verwertungsrechten.

Merken: Das Urheberrecht beabsichtigt den Urheber sowohl in seiner ideellen Beziehung zum Werk als auch wirtschaftlich zu schützen.

6.4.1 Urheberpersönlichkeitsrechte

Zu den Urheberpersönlichkeitsrechten gehören

- das Veröffentlichungsrecht,
- das Rechte auf Anerkennung der Urheberschaft sowie
- das Recht, die Entstellung des Werkes zu verbieten.

6.4.1.1 Veröffentlichungsrecht

Gemäß § 12 UrhG hat der Urheber das Recht, zu bestimmen, ob und wie sein Werk zu veröffentlichen ist. Dies gilt jedoch nur für das Erstveröffentlichungsrecht. Ist das Werk einmal mit Zustimmung des Urhebers veröffentlicht worden, ist eine weitere Veröffentlichung zulässig.

Darüber hinaus ist es dem Urheber vorbehalten, den Inhalt seines Werkes öffentlich mitzuteilen oder zu beschreiben, solange weder das Werk noch der wesentliche Inhalt oder eine Beschreibung des Werkes mit seiner Zustimmung veröffentlicht ist (§ 12 Abs. 2 UrhG).

6.4.1.2 Anerkennung der Urheberschaft

Der Urheber hat das Recht auf Anerkennung seiner Urheberschaft am Werk, das bedeutet, dass der Urheber auf seinem Werk seinen Namen oder einen von ihm gewählten Namen aufbringen kann.

6.4.1.3 Entstellung des Werkes

Gemäß § 14 UrhG hat der Urheber das Recht, eine Entstellung oder andere Beeinträchtigung seines Werkes zu verbieten, die geeignet ist, seine berechtigten geistigen oder persönlichen Interessen am Werk zu gefährden.

6.4.2 Verwertungsrechte

Mit den Verwertungsrechten werden die Befugnisse des Urhebers an einem Werk umschrieben. Sie berücksichtigen und schützen die wirtschaftlichen Interessen des Urhebers.

Bei den Verwertungsrechten wird zwischen körperlichen und unkörperlichen Verwertungsrechten unterschieden.

Das körperliche Verwertungsrecht umfasst insbesondere

- das Vervielfältigungsrecht,
- das Verbreitungsrecht,
- das Ausstellungsrecht.

Das unkörperliche Verwertungsrecht umfasst insbesondere

- das Vortragsrecht,
- das Aufführungsrecht
- das Vorführungsrecht,
- das Recht der öffentlichen Zugänglichmachung,
- das Senderecht,
- das Recht der Wiedergabe durch Bild- oder Tonträger,

- das Recht der Wiedergabe von Funksendungen und von öffentlicher Zugänglichmachung.

Merken: Bei den Rechten des Urhebers ist zwischen den Urheberpersönlichkeitsrechten und den Verwertungsrechten zu unterscheiden.

6.5 Schranken des Urheberrechts

Wie die meisten Rechte, sind auch die Rechte des Urhebers nicht grenzenlos. Wäre eine Begrenzung der Rechte des Urhebers nicht möglich, würde dies dazu führen, dass die geschützten Werke zum Zwecke der Förderung der Kultur, der Ausbildung und beim privaten Gebrauch nicht verwertet werden dürfen. In dem § 45 – 63 UrhG finden sich daher Vorschriften, die das Urheberrecht einschränken.

Dazu gehört unter anderem auch das sogenannte **Zitatrecht** (§ 51 UrhG). Dabei ist zu berücksichtigen, dass das Zitatrecht eine Ausnahmebestimmung ist, die im Zweifel eng auszulegen ist. Im wesentlichen müssen für ein wirksames Zitat folgende Voraussetzungen gegeben sein:

- **Selbständiges Werk**

  Das Werk, in dem der Ausschnitt gezeigt werden soll, muss selbst ein urheberrechtlich geschütztes Werk sein.

- **Veröffentlichtes Werk**

  Das zitierte Werk muss bereits erschienen oder veröffentlicht worden sein.

- **Zitatzweck**

  Ein Zitat ist nur dann gerechtfertigt, wenn es als Beleg für die eigene Gedankenführung dient.

- **Gebotener Umfang**

  Die Länge des zitierten Werkes darf keinen größeren Umfang haben, als dies unbedingt im Rahmen der Belegfunktion erforderlich ist.
- **Unveränderte Übernahme**

  Das zitierte Werk muss unverändert übernommen werden.
- **Quellenangaben**

  Der Urheber des verwendeten Zitats muss benannt werden.

Weitere Beispiele für die Schranken des Urheberrechts sind:

- Vervielfältigungen zum privaten und sonstigen eigenen Gebrauch (§ 53 UrhG),
- Unwesentliches Beiwerk (§ 57 UrhG),
- Werke an öffentlichen Plätzen (§ 59 UrhG).

Merken: Da es sich bei den Schranken des Urheberrechts um Ausnahmebestimmungen handelt, die grundsätzlich eng auszulegen sind, ist im Zweifel die Einholung der Zustimmung des Urhebers notwendig.

Zeitliche Schranke des Urheberrechts: Das Urheberrecht erlischt 70 Jahre nach dem Tode des Urhebers. Steht das Urheberrecht mehreren Miturhebern zu, so erlischt es 70 Jahre nach dem Tode des längstlebenden Miturhebers (§§ 64, 65 UrhG).

6.6 Leistungsschutzrechte

Das Urheberrecht regelt ferner auch den Schutz von sogenannten verwandten Schutzrechten, nämlich einzelner Leistungsarten, die unabhängig von allen sonstigen vom Urheberrecht verlangten Voraussetzungen allein wegen ihrer künstlerischen oder wissenschaftlichen Arbeit oder wegen ihres organisatorischen Aufwands generell geschützt sind. Hierzu gehören insbesondere der Schutz

- von Lichtbildern (§ 72 UrhG),
- von Laufbildern (§ 95 UrhG),
- von wissenschaftlichen Ausgaben (§ 70 UrhG),
- ausübender Künstler (§ 73 UrhG),
- des Veranstalters,
- des Tonträgerherstellers (§ 85, 86 UrhG),
- des Sendeunternehmens (§ 87 UrhG),
- des Datenbankherstellers (§ 87 a UhrG) sowie
- des Filmherstellers.

6.6.1 Schutz des ausübenden Künstlers und des Veranstalters

Für den Veranstalter spielen erfahrungsgemäß die Leistungsschutzrechte der ausübenden Künstler und des Veranstalters selbst die größte Rolle.

6.6.1.1 Schutz des ausübenden Künstlers

Schutzgegenstand

Die persönlichen Darbietungen eines Werkes durch einen ausübenden Künstler, zum Beispiel Vortrag, Aufführung eines Werkes oder künstlerische Mitwirkung sollen geschützt sein (BGH

GRUR 84, 732 – Filmregisseur – BGH GRUR 81, 419 – Quizmaster).

Rechtsinhaber

Rechtsinhaber sind ausübende Künstler wie zum Beispiel Schauspieler, Musiker.

Rechte des ausübenden Künstlers

Der Künstler muss seine Einwilligung zu Bildschirm- und Lautsprecherübertragungen, Aufnahme auf Bild- und Tonträger, Vervielfältigung, Verbreitung von Bild- und Tonträgern sowie Funksendungen erteilen. Darüber hinaus stehen dem ausübenden Künstler angemessene Vergütungen zu, zum Beispiel, wenn seine Darbietung mittels Bild- oder Tonträger öffentlich wahrnehmbar gemacht wird. Diese Ansprüche können im Voraus an eine Verwertungsgesellschaft, zum Beispiel die GVL (Gesellschaft zur Verwertung von Leistungsschutzrechten) abgetreten werden.

6.6.1.2 Schutz des Veranstalters (§ 81 UrhG)

§ 81 UrhG gewährt dem Veranstalter von Darbietungen ausübender Künstler ein eigenes, vom Leistungsschutzrecht des ausübenden Künstlers nach dem § 73 UrhG unabhängiges Leistungsschutzrecht. Dabei soll die organisatorisch-wirtschaftliche Leistung desjenigen, der auf kulturellem Gebiet veranstaltend tätig ist, geschützt sein. Als Veranstalter im Sinne des Urheberrechtsgesetzes sind zum Beispiel Konzertveranstalter, Theaterunternehmen, Hotelunternehmen geschützt.

Nachdem § 81 UrhG dem Veranstalter ein eigenes Leistungsschutzrecht gibt, ist dem Künstler die Nutzung seiner eigenen Leistungen daher nicht ohne die Einwilligung des Veranstalters möglich. Es muss daher eine Einigung über die Nutzung der Darbietungen erfolgen. Dem Veranstalter stehen die Rechte der Aufnahme der Darbietung auf Bild- oder Tonträger sowie deren Vervielfältigung und Verbreitung sowie die öffentliche Zugänglichmachung, der Sendung, der Live-Darbietung sowie Bildschirm- und Lautsprecherübertragung zu.

6.6.2 Zeitliche Schranke der Leistungsschutzrechte

Die Schutzfrist des Veranstalters ist kürzer als diejenige der Darbietung des ausübenden Künstlers. Bei Aufnahme auf Bild- und Tonträger ist die Schutzdauer 50 Jahre für Künstler, 25 Jahre für Veranstalter nach Erscheinen bzw. öffentlicher Wiedergabe des Bild- und Tonträgers bzw. 50 Jahre nach Darbietung bei Nichterscheinen des Bild- und Tonträgers für den Künstler und 25 Jahre für den Veranstalter in diesem Fall.

6.7 Rechtsfolgen der Verletzung von Urheber- und Leistungsschutzrechten

Liegt eine Verletzung von Urheber- und/oder Leistungsschutzrechten vor, hat der Rechteinhaber Anspruch auf:

- Beseitigung der Beeinträchtigung,
- bei Wiederholungsgefahr auch auf Unterlassung und
- wenn dem Verletzer Vorsatz oder Fahrlässigkeit zur Last fällt, auch auf Schadensersatz.

Anstelle des Schadensersatzes kann der Rechteinhaber die Herausgabe des Gewinns, den der Verletzer durch die Verletzung des Rechts erzielt hat und Rechnungslegung über diesen Gewinn verlangen (§ 97 UrhG). Darüber hinaus ist regelmäßig auch Auskunftsanspruch gegen den Verletzer gemäß § 242 BGB gegeben.

Merken: Das Urheberrecht schützt den Urheber in seiner ideellen Beziehung zum Werk. Darüber hinaus ermöglicht das Urheberrecht dem Schöpfer des Werkes sein Werk wirtschaftlich zu nutzen. Das Urheberrechtsgesetz schützt auch Leistungen, welche keine persönlich geistigen Schöpfungen sind, zum Beispiel Leistungen ausübender Künstler und Veranstalter von künstlerischen Darbietungen. Bei der Verletzung von Rechten nach dem Urheberrechtsgesetz bestehen Ansprüche auf Unterlassung, Auskunft, sowie Schadensersatz.

Checkliste

Liegt eine Persönlichkeitsschöpfung vor?	❑
Wer ist Urheber?	❑
Ist Miturheberschaft gegeben?	❑
Liegt ein verbundenes Werk vor?	❑
Werden Urheberpersönlichkeitsrechte beeinträchtigt?	❑
Werden Verwertungsrechte benötigt?	❑
Greift eine Schranke des Urheberrechts?	❑
Falls keine Urheberrechte beeinträchtigt werden, könnten Leistungsschutzrechte betroffen sein?	❑
Greifen die Schranken der Leistungsschutzrechte?	❑

Kontrollfragen

Welche Werke werden vom Urheberrecht geschützt?

Was ist eine persönlich geistige Schöpfung?

Wer ist der Inhaber von Urheberrechten?

Was ist hinsichtlich der Erträgnisse aus der Nutzung von Werken von Miturhebern zu berücksichtigen?

Weshalb ist die Urheberbezeichnung wichtig?

Was versteht man unter Urheberpersönlichkeitsrechten?

Was versteht man unter Verwertungsrechten?

Durch welche Rechte kann das Urheberrecht beschränkt werden?

Was sind Leistungsschutzrechte?

Welche zeitlichen Schranken existieren für Leistungsschutzrechte?

Welche Rechtsfolgen treten bei der Verletzung von Urheber- und Leistungsschutzrechten ein?

Best practice Rechteübertragung

Eine vertragliche Vereinbarung zwischen Auftragnehmer (zum Beispiel Künstler) und Veranstalter, in der der Auftragnehmer dem Veranstalter Rechte an seinen Leistungen, Darbietungen und Werken einräumt, sollte wie folgt aufgebaut werden:

„Soweit die im Vertrag beschriebene Leistung des Auftragnehmers rechtlich geschützt ist, überträgt er dem Veranstalter hiermit an allen Werken, Leistungen und Darbietungen, die Gegenstand dieses Vertrages sind oder gelegentlich oder im Zusammenhang mit der Erfüllung der hier übernommenen vertraglichen Verpflichtungen entstehen, jeweils aufschiebend bedingt auf den Zeitpunkt ihrer Entstehung die ausschließlichen zeitlich, räumlich und inhaltlich uneingeschränkten Urheber-, Nutzungs-, Leistungs-, Bildnis-, Namens- und sonstigen Schutzrechte sowie sich daraus ergebende Vergütungsansprüche zur Verwendung in allen Medien, Verfahren und Systemen, insbesondere ohne hierauf beschränkt zu sein, zu Verfilmungs-, Vortrags-, Aufführungs- und Vorführzwecken, Sendezwecken und zur gewerblichen Herstellung und Verbreitung von Vervielfältigungsstücken zum gewerblichen sowie privaten Gebrauch. Der Veranstalter ist damit berechtigt, die Werke ganz oder in Teilen auf allen Gebieten des Rundfunks, Films, Theaters oder der audiovisuellen Medien, Tonträger, Printmedien, Internet sowie auch zur gewerblichen Auswertung umfassend und mehrfach zu verwerten. Die Einräumung ausschließlicher Rechte umfasst insbesondere, ohne hierauf beschränkt zu sein:

... (hier folgt dann gegebenenfalls eine Aufzählung der einzelnen Rechte)“

7 Gesellschaft für musikalische Aufführungs- und mechanische Vervielvältigungsrechte (GEMA)

7.1 Einleitung

Da es den Urhebern und Leistungsschutzberechtigten häufig nicht möglich ist, zu überprüfen, wann, wo und von wem ihre Werke verwertet werden, haben viele Urheber und Leistungsschutzberechtigte sogenannte Verwertungsgesellschaften ermächtigt, ihre Rechte und Interessen wahrzunehmen. Für die Verwertungsgesellschaften gilt das sogenannte Urheberwahrnehmungsgesetz. Für die Veranstalter von öffentlichen Wiedergaben hebt § 13 a WahrnG die Pflicht zur Einholung einer Einwilligung der Verwertungsgesellschaft vor Veranstaltungsbeginn hervor.

Im Bereich der Musikwerke ist in Deutschland die GEMA (Gesellschaft für musikalische Aufführungs- und mechanische Vervielfältigungsrechte) die wichtigste Verwertungsgesellschaft.

7.2 GEMA-Einwilligung

Die GEMA nimmt auf dem Gebiet der Musik treuhänderisch die Rechte der deutschen Komponisten, Textdichter und Musikverleger wahr. Die bei der GEMA eingehenden Erträge werden nach Abzug der entstehenden Verwaltungskosten an die eigenen Berechtigten und über Schwestergesellschaften der GEMA in aller Welt an ausländische Berechtigte ausgeschüttet.

Die Verwertungsgesellschaft überprüft, ob urheberrechtlich geschützte Musik aufgeführt, gesendet, vervielfältigt oder verbreitet wird und ob insoweit Vergütungsansprüche gegeben sind. Nach der Rechtsprechung gilt die sogenannte GEMA-Vermutung (BGHZ 17, Seite 376, 378). Die GEMA-Vermutung besagt, dass davon auszugehen ist, dass alle bei öffentlichen Veranstaltungen gespielten Musikstücke urheberrechtlich geschützt sind.

Voraussetzung für die Gebührenpflicht ist die Öffentlichkeit der Wiedergabe. Öffentlichkeit der Wiedergabe ist gegeben, wenn die Musikdarbietung für eine Mehrzahl von Personen bestimmt ist. Nicht öffentlich ist die Darbietung, wenn der Teilnehmerkreis durch wechselseitige Beziehungen einen in sich geschlossenen nach außen individuell abgegrenzten Personenkreis darstellt (BGHZ 17, 376, 378).

Eine öffentliche Wiedergabe wurde angenommen bei

- Abschlussbällen (BGH GRUR 1960, 360),
- Tanzkursen (OLG Frankfurt, ZUM 1987, 91),
- Betriebsveranstaltungen (BGHZ 17, 376),
- Sportheimen (BGH GRUR 1961, Seite 99).

Merken: Wird eine Musikdarbietung ohne die Einholung der erforderlichen Einwilligung abgehalten, haftet der Veranstalter in der Regel auf das Doppelte des normalen Gebührenersatzes.

Die Anmeldung muss alle tariflichen Angaben enthalten, wie zum Beispiel Höhe des Eintrittsgeldes, Größe des Veranstaltungsraums, Art der Veranstaltung und Musikdarbietungen.

Die GEMA kann dann für die Nutzung die erforderliche Einwilligung entweder in Form einer Einzeleinwilligung oder in Form eines Pauschalvertrags erteilen. Die allgemeinen Vergütungssätze der GEMA können auf der Homepage www.gema.de eingesehen werden.

Kontrollfragen

Warum gibt es Verwertungsgesellschaften?

In welchem Gesetz finden sich Regelungen für die Verwertungsgesellschaften?

Welche Gesellschaft ist in Deutschland die wichtigste Verwertungsgesellschaft im Bereich Musikwerke?

8 Schutz von Namen und Bezeichnungen – Kennzeichenrecht

8.1 Einführung

Die Kennzeichnung und die Namen von etablierten Veranstaltern oder einzelnen Veranstaltungen genießen hohes Ansehen und damit auch einen sehr hohen Marktwert. Im Folgenden soll daher ein Überblick darüber gegeben werden, welche Namen und Bezeichnungen geschützt sind, wo die einzelnen Rechtsgrundlagen zu finden sind und welche Möglichkeiten bestehen, um gegen Verletzer von eigenen Namen und Bezeichnungen vorgehen zu können.

Der Schutz kann sich insbesondere ergeben aus dem

- Namensrecht,
- aus dem Schutz von geschäftlichen Bezeichnungen und
- aus dem Markenschutz.

8.2 Namensrecht (§ 12 BGB)

Das Namensrecht gemäß § 12 BGB schützt sowohl den bürgerlichen Namen als auch Wahlnamen wie zum Beispiel Künstlernamen.

8.2.1 Name und Wahlname

Der bürgerliche Name setzt sich zusammen aus dem Familiennamen und mindestens einem Vornamen. Aus der allgemeinen Handlungsfreiheit (Artikel 2 Abs. 1 GG) ergibt sich das Recht, einen Wahlnamen (Pseudonym) zu wählen.

8.2.2 Wer wird geschützt?

Geschützt werden natürliche Personen aber auch juristische Personen und nicht rechtsfähige Personenvereinigungen.

Best practice

Geschützt ist daher auch der Name einer Veranstaltungsagentur, die als Gesellschaft bürgerlichen Rechts organisiert ist.

8.2.3 Zeitliche Grenzen des Namensschutzes

Der Schutz des natürlichen Namens beginnt durch Geburt, Heirat oder Adoption. Der Schutz für den Wahlnamen beginnt mit der Annahme und dem Gebrauch des Wahlnamens.

Das Ende des Schutzes tritt bei natürlichen Personen mit dem Tod des Namensträgers ein. Allerdings kann sich aus dem postmortalen Schutz des allgemeinen Persönlichkeitsrechts (Artikel 1, 2 GG) auch noch ein nachträglicher Schutz ergeben. Der Schutz des Wahlnamens endet mit der Aufgabe der Verwendung des Namens.

8.2.4 Rechtsfolge bei Namensverletzungen

Wenn dem Namensträger das Recht zum Gebrauch des Namens bestritten wird oder wenn eine andere Person für sich selbst oder ihre Produkte einen gleichen oder verwechslungsfähigen ähnlichen Namen verwendet, stehen dem Namensträger Unterlassungs- und Schadensersatzansprüche zu. Im geschäftlichen Verkehr besteht hinsichtlich der Namensanmaßung Vorrang des Markengesetzes, welches mit dem Recht der sogenannten geschäftlichen Bezeichnung eine Parallelregelung für die Fälle der Namensanmaßung hat.

8.3 Schutz als geschäftliche Bezeichnung (§§ 5, 15 Markengesetz)

Unter geschäftlichen Bezeichnungen versteht man Kennzeichen, die im geschäftlichen Verkehr als Name, Firma oder als besondere Bezeichnung eines Geschäftsbetriebes oder Unternehmens benutzt werden. Dabei ist als Geschäftsbetrieb jede wirtschaftliche Betätigung zu verstehen.

8.3.1 Unterscheidungskraft der geschäftlichen Bezeichnung

Voraussetzung für den Schutz als geschäftliche Bezeichnung ist, dass die Bezeichnung eine ausreichende individuelle Eigenart besitzt, um die Kennzeichnung als einen Hinweis auf ein bestimmtes Unternehmen verstehen lassen zu können. Unterscheidungskraft würde zum Beispiel vorliegen, für eine Agentur die sich „Tonfarben" nennt. Nennt sich hingegen die Agentur lediglich Musikagentur und ist sie zudem auf dem Gebiet der Vermittlung von Künstlern und Musikern tätig, wird ihr keine ausreichende individuelle Eigenart zugesprochen werden können. Ein Schutz kommt dann nur noch in Betracht, wenn die Kennzeichnung Verkehrsgeltung genießt, das heißt, dass sie einen hohen Bekanntheitsgrad bei den angesprochenen Verkehrskreisen hat.

8.3.2 Zeitliche Grenzen der geschäftlichen Bezeichnung

Der Schutz für die geschäftliche Bezeichnung beginnt mit der Aufnahme derselben. Dies setzt eine Benutzungshandlung im Inland voraus, die auf den Beginn einer dauerhaften wirtschaftlichen Betätigung schließen lässt.

Der Schutz endet mit der endgültigen Aufgabe der Benutzung. Die Abgrenzung kann dabei im Einzelfall schwierig sein, zum Beispiel wenn eine Musikgruppe eine Schaffenspause einlegt.

8.3.3 Räumliche Grenzen des Schutzes der geschäftlichen Bezeichnung

Der Schutzbereich der geschäftlichen Bezeichnung erstreckt sich auf den Wirtschaftsraum, in dem man den Künstler, den Veranstalter etc. kennt und in dem noch mit seiner werbenden Tätigkeit gerechnet wird. Diese werbende Tätigkeit kann selbstverständlich durch die Nutzung des Internets ausgedehnt werden.

Merken: Um die Voraussetzungen bei einem Streit um eine geschäftliche Kennzeichnung zu verbessern, ist es empfehlenswert, durch die Erstellung einer Homepage nachzuweisen, dass die werbende Tätigkeit bundesweit erfolgt.

8.3.4 Rechtsfolgen bei der Verletzung der geschäftlichen Bezeichnung

Nutzt ein anderer das identische oder ähnliche Kennzeichen und hat er mit der Benutzung erst später begonnen, so stehen dem Nutzer des prioritätsälteren Zeichens unterschiedliche Ansprüche zu. Es handelt sich dabei insbesondere um die folgenden:

8.3.4.1 Unterlassungsanspruch (§ 5 Abs. 4 Markengesetz)

Der Inhaber des älteren Zeichens hat einen Unterlassungsanspruch. Dabei kommt es nicht darauf an, dass denjenigen, der das jüngere Zeichen nutzt, ein Verschulden trifft.

8.3.4.2 Schadensersatzansprüche (§ 15 Abs. 5 Markengesetz)

Für den Fall, dass den Nutzer des jüngeren Zeichens ein Verschulden trifft, ist er zum Schadensersatz verpflichtet. Hinsichtlich der Berechnung des Schadensersatzes gibt es unterschiedliche Berechnungsmethoden. Es kann zum einen der entgangene Gewinn gefordert werden oder der Gewinn, den der Verletzer des Zeichens erzielt hat, oder eine angemessene Lizenzgebühr.

8.3.4.3 Anspruch auf Auskunft und Rechnungslegung (§§ 19 Abs. 1 Markengesetz, 242 BGB)

Darüber hinaus besteht gegen den Rechteverletzer ein Anspruch auf Auskunft und Rechnungslegung.

8.3.4.4 Vernichtungsanspruch (§ 18 Abs. 1 Markengesetz)

Gegen den Rechtsverletzer besteht ein Vernichtungsanspruch.

8.3.5 Anspruchsvoraussetzungen

8.3.5.1 Priorität

Derjenige, der den Anspruch geltend macht, muss die Benutzung der geschäftlichen Bezeichnung vor dem Anspruchsgegner aufgenommen haben.

8.3.5.2 Verwechslungsgefahr

Es muss eine Verwechslungsgefahr gegeben sein. Dies setzt voraus, dass das verletzte Zeichen kennzeichnungskräftig ist. Je bekannter das Zeichen ist und je intensiver es genutzt wird, desto größer ist seine Kennzeichnungskraft.

Es muss eine Zeichenähnlichkeit gegeben sein.

Dabei ist zu prüfen, ob eine schriftbildliche sowie klangliche und begriffliche Ähnlichkeit besteht. Darüber hinaus muss eine Branchennähe bzw. Werk- oder Produktähnlichkeit gegeben sein.

Allerdings ist zu berücksichtigen, dass es Dritten auch untersagt ist, das identische oder ein ähnliches Kennzeichen im geschäftlichen Verkehr für nichtähnliche Produkte, Dienstleistungen oder Unternehmen zu benutzen, wenn dadurch der Ruf des fraglichen Kennzeichens in unlauterer Weise ausgenutzt oder beeinträchtigt wird.

8.3.6 Gerichtliche Durchsetzung

Die Ansprüche werden in der Regel durch eine sogenannte strafbewehrte Unterlassungs- und Verpflichtungserklärung vorbereitet. Das heißt, man übersendet dem Verletzer der geschäftlichen Bezeichnung eine Aufforderung, es ab sofort zu unterlassen, die geschäftliche Kennzeichnung noch einmal zu nutzen. Diese Unterlassungsverpflichtung wird dadurch verschärft, dass für den Fall, dass der andere die geschäftliche Bezeichnung trotzdem noch einmal nutzt, er sich zur Bezahlung einer pauschalen Vertragsstrafe verpflichtet.

Gibt der Verletzer die strafbewehrte Unterlassungserklärung nicht ab, so besteht die Möglichkeit vorläufigen Rechtsschutz durch die Einreichung einer sogenannten einstweiligen Verfügung und/oder die Einreichung einer Hauptsacheklage zu erzwingen. Dabei ist zu berücksichtigen, dass die Ansprüche aus dem Markenrecht grundsätzlich drei Jahre, von dem Zeitpunkt an, in dem der Verletzte von der Verletzung und dem Verletzer Kenntnis erlangt hat, verjähren.

Best practice

Strafbewehrte Unterlassungs- und Verpflichtungserklärung im Falle einer Domainverletzung.

„Strafbewehrte Unterlassungs- und Verpflichtungserklärung

xy verpflichtet sich gegenüber dem Veranstalter A

1. Bei Meidung einer Vertragsstrafe, die für jeden Einzelfall der Zuwiderhandlung von dem Veranstalter A festzusetzen und bei Streit über die Angemessenheit vom Landgericht ... zu überprüfen ist, jedoch für den Einzelfall der Zuwiderhandlung nicht unter ... € beträgt, unter Verzicht auf die Einrede des Fortsetzungszusammenhangs es ab sofort zu unterlassen, im Geschäftsverkehr mit den Kennzeichnungen „www.....de“ zu werben oder aufzutreten.

2. Gegenüber der zuständigen Verwaltungsgesellschaft DENIC auf die in Ziffer 1 genannte Domain-Anschrift zu verzichten.

3. Dem Grunde nach selbständig begründet anzuerkennen, dem Veranstalter A zum Ersatz all desjenigen Schadens verpflichtet zu sein, der diesem aus Handlungen gemäß Ziffer 1 entstanden ist oder künftig entstehen wird, wozu auch die durch die Einschaltung der Anwaltskanzlei ... entstandenen Kosten auf der Grundlage eines Gegenstandswertes von ... € gehören.

..., den ...

Unterschrift xy

8.4 Schutz eines Namens als eingetragene Marke (§ 4, 14 Markengesetz)

8.4.1 Vorteile der eingetragenen Marke

Durch die Eintragung einer Marke kann zusätzlich auch der Schutz für bestimmte Waren und Dienstleistungen festgestellt werden, wie zum Beispiel der Schutz für Merchandisingartikel. Durch die Eintragung der Marke ist es für den Markeninhaber ein leichtes, die Benutzungsaufnahme nachzuweisen. Der Markenschutz betrifft das ganze Territorium, in dem die Marke eingetragen ist. Zudem ist es häufig auch Ausdruck einer gewissen Professionalität.

8.4.2 Absolute und relative Schutzhindernisse

Bei der Eintragung einer Marke können sogenannte absolute und relative Schutzhindernisse vorliegen.

8.4.2.1 Absolute Schutzhindernisse

Absolute Schutzhindernisse liegen vor, wenn der Marke jegliche Unterscheidungskraft fehlt oder der Eintragung der Marke ein Freihaltebedürfnis entgegensteht.

8.4.2.2 Unterscheidungskraft

Unterscheidungskraft kommt einer Marke dann nicht zu, wenn diese nicht geeignet ist, vom Verkehr als Unterscheidungsmittel für Waren- oder Dienstleistungen eines Unternehmens von einem anderen Unternehmen aufgefasst zu werden.

8.4.2.3 Freihaltebedürfnis

Ein Freihaltebedürfnis ist immer dann gegeben, wenn Mitbewerber auf die Verwendung der Bezeichnung im geschäftlichen Verkehr angewiesen sind oder es sich um allgemein übliche Bezeichnungen handelt.

8.4.2.4 Überprüfung der aboluten Schutzhindernisse

Die absoluten Schutzhindernisse werden bei Beantragung des Markenschutzes beim Patent- und Markenamt von dem zuständigen Sachbearbeiter geprüft. Sollte ein absolutes Schutzhindernis vorliegen, kann eine Eintragung nicht erfolgen.

8.4.2.5 Relative Schutzhindernisse

Relative Schutzhindernisse geben dem Inhaber einer prioritätsälteren Marke, die Möglichkeit, die Markenanmeldung durch Einlegung eines Widerspruchs beim deutschen Patent- und Markenamt zu Fall zu bringen, wenn die angemeldete Marke mit der älteren Marke identisch und für identische Waren/Dienstleistungen eingetragen ist oder die angemeldete Marke mit der älteren Marke identisch oder ähnlich und für identische oder ähnliche Marken eingetragen ist.

Merken: Eine geschäftliche Bezeichnung ist zwar als solche bereits durch das Markengesetz geschützt, dennoch kann es empfehlenswert sein, um insbesondere einen bundesweiten Schutz zu erreichen, eine Marke als Marke beim Patent- und Markenamt eintragen zu lassen.

8.4.3 Markenanmeldung

Die Markenanmeldung ist für das Gebiet der Bundesrepublik Deutschland beim Deutschen Patent- und Markenamt (www.dpma.de) in München möglich.

Die Grundgebühr (Anmeldung für einschließlich drei Waren- oder Dienstleistungsklassen) beträgt 300,00 €. Für jede die dritte Waren- oder Dienstleistungsklasse übersteigende Klasse müssen weitere 100,00 € pro Klasse entrichtet werden.

Für den Fall, dass eine beschleunigte Eintragung gewünscht wird, fällt eine Beschleunigungsgebühr in Höhe von 200,00 € an.

Sofern Schutz in der EU begehrt wird, bietet sich die Möglichkeit an, beim Harmonisierungsamt für den Binnenmarkt in Alicante (Spanien) eine Gemeinschaftsmarke anzumelden. Allerdings besteht dabei der Nachteil, dass für den Fall, dass Eintragungshindernisse auch in einem Land der EU bestehen, die Marke insgesamt nicht eingetragen werden kann.

Es bietet sich daher nach der Registrierung als deutsche Marke die Eintragung der Marke als sogenannte IR-Marke an. Die internationale Registrierung einer deutschen Marke nach der Bestimmung des Madrider Markenabkommens ist über die World Intelectual Property Organisation (WIPO) in Genf möglich.

Checkliste

Wird die Kennzeichnung bereits als Marke oder geschäftliche Bezeichnung genutzt?	❑
Welche Art einer Marke (zum Beispiel Wortmarke oder Bildmarke oder Wort-/Bildmarke soll eingetragen werden?	❑
Für welche Waren- und Dienstleistungen soll Schutz beansprucht werden?	❑
Ist ein Tätigwerden im Ausland geplant?	❑

8.5 Schutz als Werktitel (§ 5 Abs. 3 Markengesetz)

Neben den oben genannten Schutzmöglichkeiten kann zum Beispiel eine Kennzeichnung für eine Veranstaltung auch gemäß § 5 Abs. 3 als sogenannter Werktitel geschützt sein. Der Titel muss bestimmt und geeignet sein, die betreffende Veranstaltung von anderen Veranstaltungen zu unterscheiden (Kennzeichnungskraft). Ein Titel, der nicht ursprünglich kennzeichnungskräftig ist, hat Kennzeichnungskraft, wenn er Verkehrsgeltung erlangt hat, das heißt, wenn er als Bezeichnung eines bestimmten Werkes angesehen wird. Dabei schwanken jedoch die Mindestwerte für die Verkehrsgeltung zwischen 20 – 80 %.

8.5.1 Vorverlegung des Schutzes durch Titelschutzanzeigen

Für eine geplante Veranstaltung kann in einem Fachorgan, wie zum Beispiel dem Titelschutzanzeiger sogenannter Titelschutz beantragt werden. Dies führt zum vorläufigen Schutz eines Titels für die Dauer von sechs Monaten durch Publikation in einem der Fachorgane.

☒ Merken: Namen und Kennzeichen können geschützt sein durch das Namensrecht, durch den Schutz als geschäftliche Bezeichnungen sowie als Marke oder Werktitel.

Im geschäftlichen Bereich gehen die Ansprüche als Schutz der geschäftlichen Bezeichnung den namensrechtlichen Ansprüchen vor.

Anspruchsvoraussetzungen sind in der Regel Priorität, Verwechslungsgefahr und Kennzeichnungskraft.

Gerichtliche Maßnahmen werden in der Regel durch sogenannte strafbewehrte Unterlassungs- und Verpflichtungserklärungen vorbereitet. Im Anschluss daran kann dann einstweiliger Rechtsschutz beantragt werden durch das Einreichen einer einstweiligen Verfügung bei Gericht und/oder die Hauptsacheklage durchgeführt werden.

Dabei werden dann Unterlassungs-, Auskunfts- und Schadensersatzansprüche geltend gemacht.

Kontrollfragen

Welche Namen schützt § 12 BGB?

Wer wird durch § 12 BGB geschützt?

Wann beginnt und wann endet der Schutz gemäß § 12 BGB?

Was sind die Rechtsfolgen einer Namensverletzung?

Welche Voraussetzungen müssen erfüllt sein, damit eine geschäftliche Bezeichnung unterscheidungskräftig ist?

Wann beginnt und wann endet der Schutz einer geschäftlichen Bezeichnung?

In welchem Raum ist die geschäftliche Bezeichnung geschützt?

Was sind die Rechtsfolgen bei der Verletzung der geschäftlichen Bezeichnung?

Was sind die Vorteile einer Markeneintragung?

Was versteht man unter absolutem und relativem Schutzhindernis?

Welche Schutzhindernisse werden vom Patent- und Markenamt geprüft?

9 Das Recht am eigenen Bild

Für den Veranstalter stellt sich häufig die Frage, ob er seine Veranstaltung mit Bildnissen von bekannten Persönlichkeiten, Künstlern, Sportlern etc. bewerben darf.

Die Rechtsgrundlagen hierfür finden sich im Gesetz betreffend das Urheberrecht an Werken der bildenden Künste und der Fotografie, welches umgangssprachlich auch Kunsturhebergesetz (KUrhG) genannt wird.

9.1 Grundsatz der Einwilligung (§ 22 S. 1 KUrhG)

Gemäß § 22 Satz 1 KUrhG bedarf die Verbreitung oder die öffentliche zur Schaustellung von Bildnissen der Einwilligung des Abgebildeten. Dies bedeutet, dass grundsätzlich eine Einwilligung erforderlich ist. Die Einwilligung muss nicht schriftlich erfolgen. Ausreichend ist auch eine mündliche Einwilligung oder die Einwilligung durch schlüssiges Verhalten. Allerdings ist es aus Gründen der Rechtssicherheit, insbesondere zu Beweiszwecken empfehlenswert, sich eine Einwilligung schriftlich geben zu lassen.

9.2 Ausnahmen vom Grundsatz der Einwilligung (§ 23 I KUrhG)

Ohne die erforderliche Einwilligung dürfen gemäß § 23 I KUrhG verbreitet und zur Schau gestellt werden:

- Bildnisse aus dem Bereich der Zeitgeschichte,
- Bilder, auf denen die Personen nur als Beiwerk neben einer Landschaft oder sonstigen Örtlichkeiten erscheinen,
- Bilder von Versammlungen, Aufzügen und ähnlichen Vorgängen, an denen die dargestellten Personen teilgenommen haben,

- Bildnisse, die nicht auf Bestellung angefertigt sind, sofern die Verbreitung oder Schaustellung einem höheren Interesse der Kunst dient.

Es ist daher grundsätzlich möglich Personen der Zeitgeschichte, wie zum Beispiel Musiker, Sportler etc. zu fotografieren und die Bilder zu verbreiten, wenn die Aufnahme in einem Zusammenhang zur zeitgeschichtlichen Bedeutung des Abgebildeten steht oder Zuschauer zu fotografieren und abzubilden, da diese an einer Versammlung oder einem ähnlichen Vorgang im Sinne des § 23 Abs. 1 Ziffer 3 KUrhG teilgenommen haben.

9.3 Ausnahme von der Ausnahme (§ 23 KUrhG)

Die in § 23 Abs. I KUrhG genannten Ausnahmen, nach der eine Einwilligung des Abgebildeten nicht erforderlich ist, greifen dann nicht, wenn durch die Verbreitung und Schaustellung ein berechtigtes Interesse des Abgebildeten verletzt wird. Dies ist zum Beispiel immer dann der Fall, wenn der abgebildete Künstler ohne seine Einwilligung für eine Werbung verwendet wird.

Merken: Die Veröffentlichung von Bildern bedarf grundsätzlich der Einwilligung des Abgebildeten. Etwas anderes gilt nur dann, wenn die Ausnahmen des § 23 Abs. 1 KUrhG wie zum Beispiel bei Personen der Zeitgeschichte greifen. Dabei ist jedoch zu berücksichtigen, dass die Ausnahmen dann nicht zur Anwendung kommen, wenn ein berechtigtes Interesse des Abgebildeten, wie zum Beispiel durch Schaltung einer Werbung, verletzt wird.

9.4 Rechtsfolgen bei Verletzung des Rechts am eigenen Bild

Bei Verletzung des Rechts am eigenen Bild können Unterlassungs- und Schadensersatzansprüche sowie Auskunftsansprüche geltend gemacht werden.

Checkliste

Liegt eine Einwilligung vor?	❑
Falls keine Einwilligung vorliegt, ist eine Ausnahme vom Grundsatz der Einwilligung gegeben?	❑
Werden berechtigte Interessen des Abgebildeten verletzt?	❑

Kontrollfragen

Unter welchen Bedingungen kann ausnahmsweise auf eine Einwilligung des Abgebildeten verzichtet werden?

Ist die Verwendung der Abbildung eines bekannten Sportlers für Werbezwecke ohne dessen Einwilligung zulässig?

Was sind die Rechtsfolgen bei der Verletzung des Rechts am eigenen Bild?

Best practice

Rechteeinräumung

Der Künstler überträgt dem Veranstalter alle an seiner Person, an der Darbietung sowie an den Aufzeichnungen hierzu etwa entstehenden Leistungsschutzrechte sowie alle sonstigen übertragbaren Rechte und Ansprüche und erteilt die Einwilligung zur beliebigen Nutzung des etwaigen Rechts des Künstlers am eigenen Bild im Zusammenhang mit der Darbietung und deren Verwertung.

10 Veranstaltungen und Wettbewerbsrecht

Der Veranstaltungsmarkt wird immer härter. Neue Veranstalter drängen auf den Markt. Um Kosten zu reduzieren, werden Konzepte anderer Veranstalter übernommen und es wird versucht, sich durch entsprechende Werbung gegenüber den Konkurrenten Vorteile zu verschaffen. In diesem Zusammenhang muss der Veranstalter insbesondere das Gesetz gegen den unlauteren Wettbewerb (UWG) berücksichtigen.

Das UWG untersagt unter anderem:

- Irreführende Angaben über die eigenen geschäftlichen Verhältnisse,
- das Anschwärzen und Verleumden von Mitbewerbern.

Dabei ist zu berücksichtigen, dass der Bundesgerichtshof im Rahmen einer Angleichung an die EU-Rechte entschieden hat, dass vergleichende Werbung dann zulässig ist, wenn sie nicht irreführend ist, nachprüfbare und typische Eigenschaften miteinander verglichen werden und der Mitbewerber nicht herabgesetzt oder verunglimpft wird (BGH GRUR 1999, Seite 69).

10.1 Rechtsfolgen bei Wettbewerbsverstößen

In diesen Fällen kann der Verletzte Unterlassungs-, Auskunfts- und Schadensersatzansprüche geltend machen. Auch hier hat er die Möglichkeit Ansprüche im Rahmen einer einstweiligen Verfügung und/oder Hauptsacheklage seine Rechte geltend zu machen.

11 Behördliche Anforderungen an Veranstaltungen

11.1 Einleitung

Viele Veranstaltungen werden immer aufwendiger und spektakulärer durchgeführt. Einzelne Veranstaltungen haben teilweise Showeinlagen, die die Gefährdung von Künstlern und Zuschauern in sich tragen.

Für den Veranstalter stellt sich dabei die Frage, ob er bei der Durchführung der Veranstaltung besondere öffentlich-rechtliche Vorschriften berücksichtigen muss und ob er gegebenenfalls seine Veranstaltung bei den örtlichen Behörden anzeigen lassen muss oder ob er hierfür eine Genehmigung benötigt.

Im Folgenden soll daher ein Überblick über die wichtigsten gesetzlichen Bestimmungen, die von den Behörden im Zusammenhang mit der Durchführung einer Veranstaltung geprüft werden, dargelegt werden. Dabei ist zu berücksichtigen, dass es sich teilweise bei den öffentlich-rechtlichen Vorschriften um sogenanntes Landesrecht handelt, das heißt, Vorschriften, bei denen die Gesetzgebungskompetenz bei den einzelnen Bundesländern liegt. Dies hat zur Folge, dass in einzelnen Bundesländern für ein und dieselbe Veranstaltung unterschiedliche behördliche Anforderungen gelten können.

Um einen reibungslosen und termingerechten Ablauf der Veranstaltung zu gewährleisten, empfiehlt sich daher rechtzeitig vor Durchführung der Veranstaltung mit den örtlichen Behörden Kontakt aufzunehmen, damit mit diesen gemeinsam geprüft werden kann, ob bei der Durchführung der Veranstaltung eine Gefahr für die öffentliche Sicherheit, wie zum Beispiel für Leben, Leib und Eigentum oder die Gefahr der Verletzung öffentlich-rechtlicher Vorschriften besteht.

11.2 Baurecht

11.2.1 Baugenehmigung

Bauliche Anlagen unterliegen grundsätzlich einem Genehmigungsvorbehalt. Bei der Prüfung, ob eine Genehmigung notwendig ist, muss zwischen dem sogenannten Baugesetzbuch (BauGB) und der Landesbauordnung (LBO) unterschieden werden.

11.2.1.1 Baugesetzbuch

Die Zulässigkeit von Bauvorhaben im Allgemeinen ist im Baugesetzbuch geregelt. Ausführliche Vorschriften zur Zulässigkeit von unterschiedlichen Nutzungsarten in den verschiedenen Baugebieten finden sich in der Baunutzungsverordnung.

11.2.1.2 Landesbauordnung

Die bauordnungsrechtlichen Bestimmungen finden sich im jeweiligen Bundesland der Veranstaltung in der sogenannten Landesbauordnung. Dabei ist in den Bestimmungen der Landesbauordnung festgehalten, dass eine Baugenehmigung dann zu erteilen ist, wenn das Vorhaben öffentlich-rechtlichen Vorschriften entspricht bzw. wenn dem Vorhaben öffentlich-rechtliche Bestimmungen nicht entgegenstehen. Zu den öffentlich-rechtlichen Vorschriften gehören Gesetze, Rechtsverordnungen und Satzungen, die von der Baurechtsbehörde im Rahmen ihrer Zuständigkeit zu prüfen oder durch Beteiligung anderer Behörden zu beachten sind.

Dabei sollte vom Veranstalter vorab geprüft werden, inwieweit sein Vorhaben genehmigungsfrei ist. Die genehmigungsfreien Vorhaben sind in den einzelnen Landesbauordungen ausdrücklich erwähnt.

11.2.2 Nutzungsgenehmigung

Häufig werden für Veranstaltungen außergewöhnliche Locations gewählt, wie zum Beispiel alte Kasernen, alte Fabrikhallen etc.. Dabei ist vom Veranstalter zu berücksichtigen, ob die Veranstaltungsörtlichkeit ihrer Bestimmung nach für die Abhaltung von Veranstaltungen geeignet und bestimmt war. Ist dies nicht der Fall, liegt eine Nutzungsänderung vor und eine Nutzungsgenehmigung ist erforderlich.

11.2.3 Versammlungsstättenverordnung (VStättVO)

Bei der Durchführung von Veranstaltungen sind auch die Versammlungsstättenverordnungen der Länder zu berücksichtigen. Die Versammlungsverordnungen sind Durchführungsverordnungen zu den Landesbauordnungen.

Durch die Versammlungsstättenverordnung sollen zum einen die Besucher von Veranstaltungen aber auch die Mitwirkenden an der Veranstaltung selbst, wie zum Beispiel Künstler etc. geschützt werden. Versammlungsstätten sind bauliche Anlagen oder Teile einer baulichen Anlage, die für die gleichzeitige Anwesenheit vieler Menschen bei Veranstaltungen insbesondere erzieherischer, wirtschaftlicher, geselliger, kultureller, künstlerischer, politischer, sportlicher oder unterhaltender Art bestimmt sind, sowie Schank- und Speisewirtschaften. Die Versammlungsstättenverordnung regelt dabei zum Beispiel Bestuhlungspläne, Rettungswege, Sicherheitsbeleuchtungen, Rauchabzüge, Dämmstoffe, Vorhänge, Verantwortliche für Veranstaltungstechnik etc..

11.3 Gewerbeordnung

Der Veranstalter muss auch die Gewerbeordnung berücksichtigen. Die Gewerbeordnung sieht für bestimmte Veranstaltungen eine Anzeigepflicht vor. Dies gilt beispielsweise für Volksfeste. Volksfeste liegen vor, wenn eine im allgemeinen regelmäßig wiederkehrende, zeitlich begrenzte Veranstaltung vorliegt, auf der eine Vielzahl von Anbietern unterhaltende Tätigkeiten ausübt und Waren feilbietet, die üblicherweise auf Veranstaltungen dieser Art angeboten werden. Darüber hinaus enthält die Gewerbeordnung für Messen, Ausstellungen und Märkte gesonderte Regelungen.

11.4 Sondernutzungsgenehmigung

Soll die Veranstaltung auf öffentlichen Wegen und Plätzen durchgeführt werden, ist eine Sondernutzungsgenehmigung bei der zuständigen Verwaltungsbehörde der Gemeinde einzuholen.

11.5 Straßenverkehrsordnung

Werden bei der Veranstaltung motorisierte Fahrzeuge verwendet oder Teile von öffentlichen Straßen in die Veranstaltungsplanung mit einbezogen, so muss der Veranstalter auch die Regelung der Straßenverkehrsordnung beachten.

11.6 Benutzung von Tongeräten und Verwendung von Livemusik

Bei der Benutzung von Tongeräten sind die Regelungen des Landesemissionsschutzgesetzes zu berücksichtigen. Darüber hinaus haben viele Städte und Gemeinden Regelungen, nach denen für die Veranstaltung von Livemusik die Einwilligung einzuholen ist.

11.7 Gaststättengesetz

Der Veranstalter muss bei der Durchführung auch die Regelungen des Gaststättengesetzes berücksichtigen. Die Verabreichung von Getränken und Speisen zum Verzehr an Ort und Stelle sowie die Beherbergung von Gästen unterliegen grundsätzlich der Erlaubnispflicht.

11.8 Versammlungsgesetz

Eine Anmeldungspflicht kann sich für den Veranstalter auch ergeben, wenn seine Veranstaltung eine Versammlung im Sinne des Versammlungsgesetzes darstellt. Eine Versammlung im Sinne des Versammlungsgesetzes liegt vor, wenn sich eine Gruppe bildet, die zur Wahrnehmung ihrer Ziele die Gruppe benötigt, Diskussions- oder Demonstrationscharakter bezogen auf öffentliche Angelegenheit steht, eine öffentliche Versammlung vorliegt, das heißt, jedermann teilnehmen kann.

11.9 Maßnahmen der Behörden bei fehlender Genehmigung

Bei fehlender Genehmigung der Veranstaltung haben die Behörden die Möglichkeit die Veranstaltung durch eine Nutzungsuntersagung zu unterbinden.

Die Behörden stellen dabei Bescheide dem Veranstalter zu. Bei diesen Bescheiden handelt es sich um sogenannte Verwaltungsakte. Gegen einen solchen Verwaltungsakt hat der betroffene Veranstalter die Möglichkeit, Widerspruch innerhalb eines Monats nach Zugang einzulegen.

Wird dem Widerspruch nicht abgeholfen, so kann gegen den dann ergangenen Widerspruchsbescheid wiederum innerhalb eines Monats nach Zugang Klage beim örtlich zuständigen Verwaltungsgericht eingereicht werden.

Dabei ist jedoch zu berücksichtigen, dass die Behörden häufig aufgrund eines besonderen öffentlichen Interesses die sofortige Vollziehung der Nutzungsuntersagen anordnen. Das führt dazu, dass der Widerspruch gegen die Nutzungsuntersagung keine aufschiebende Wirkung hat und nur mit weiteren Rechtsmitteln wieder hergestellt werden kann. Dies ist sehr zeitaufwendig, so dass es ratsam ist, rechtzeitig vor Durchführung der Veranstaltung die entsprechenden behördlichen Genehmigungen einzuholen und mit den Behörden in Kontakt zu treten.

Checkliste	
Veranstaltung mit besonderen Gefahren?	☐
Anzeige- und/oder Genehmigungspflicht?	☐
Termingerechte und planmäßige Durchführung der Veranstaltung	☐
Berücksichtigung von gesetzlichen Bestimmungen, Rechtsnormen, Richtlinien, Erlasse und Satzungen	☐
Risiko- bzw. Gefährdungsanalyse durch die Behörde	☐
Anhörung der Betroffenen und des Veranstalters	☐
Prüfung von Landes- und Bundesrecht	☐
Bauliche Anlagen und Genehmigungsvorbehalt (LBO)	☐
Kein Verstoß gegen öffentlich-rechtliche Vorschriften?	☐

Checkliste	
Zulässigkeit von Bauvorhaben im Allgemeinen (§§ 29-37 BauGB)	☐
Zulässigkeit in verschiedenen Baugebieten (§§ 1 15 BauNVO)	☐
Bauordnungsrecht (LBO)	☐
Grundsatz Genehmigungspflicht	☐
Ausnahmen von der Genehmigungspflicht – LBO	☐
Eignung der Anlage und Bestimmung für Abhaltung von Veranstaltungen?	☐
Nutzungsänderung – Genehmigungspflicht	☐
Versammlungsstätte = Ort an dem Veranstaltung stattfindet	☐
Einhaltung der besonderen Vorschriften über Rettungswege, Freihalten von Wegen und Flächen, Sicherheitsbeleuchtungen, Feuerlösch- und Alarmeinrichtung	☐
Schutz von Besuchern, Mitarbeitern, Mitwirkenden	☐
Anzeigepflicht von allgemein regelmäßig wiederkehrenden, zeitlich begrenzten Veranstaltungen, auf der eine Vielzahl von Anbietern unterhaltende Tätigkeit ausübt und Ware anbietet.	☐
Durchführung der Veranstaltung auf öffentlichen Wegen und Plätzen?	☐
Genehmigungs- und gebührenpflichtige Sondernutzung	☐
Straßenverkehrsrechtliche Erlaubnis	☐

Checkliste

Einbeziehung von öffentlichen Straßen mit Geltung der StVO	❑
Einsatz von Geräten der Schallwiedergabe?	❑
Antrag auf Ausnahmegenehmigung	❑
Veranstaltung mit Live-Musik?	❑
Hat die Stadt/Gemeinde eine Sing-Spielsatzung	❑
Verabreichung von Getränken und Speisen zum Verzehr an Ort und Stelle?	❑
Beherbergung von Gästen?	❑
Erlaubnispflicht	❑
Erleichterte Erlaubnisvoraussetzungen bei nicht häufig auftretendem Ereignis	❑
Liegt eine Versammlung vor?	

Kontrollfragen

Welche baurechtlichen Bestimmungen sind bei der Durchführung einer Veranstaltung zu berücksichtigen?

Wer wird von der Versammlungsstättenverordnung geschützt?

Was regelt die Versammlungsstättenverordnung?

Was ist ein Volksfest?

Wann ist eine Sondernutzungsgenehmigung erforderlich?

Welche rechtlichen Bestimmungen sind zu berücksichtigen, wenn eine Veranstaltung mit motorisierten Fahrzeugen durchgeführt wird?

Welche Rechtsschutzmöglichkeiten hat der Veranstalter bei Untersagung von Veranstaltungen durch die Behörde?

12 Künstlersozialversicherung

12.1 Einleitung

Die Künstlersozialversicherung ist eine Sozialversicherung für selbständige Künstler und Publizisten. Die Rechtsgrundlagen finden sich im Künstlersozialversicherungsgesetz. Es handelt sich dabei um eine Pflichtversicherung, welche die Kranken-, Pflege- und Rentenversicherung umfasst. Eine Pflicht zur Arbeitslosenversicherung besteht nicht.

Die Beitragshöhe bestimmt sich nach der Künstlersozialabgabeverordnung. Die Künstler und Publizisten entrichten die Hälfte des Beitrages. Die andere Hälfte wird durch eine Künstlersozialabgabe aufgebracht. Diese Abgabe wird zum einen durch die Auftraggeber der Künstler und zum anderen durch eine Abgabe vom Bund geleistet.

Für die im Veranstaltungsbereich Tätigen hat die Künstlersozialversicherung im wesentlichen zwei Aspekte. Der erste ist, ob der im Veranstaltungsbereich Tätige selbst bei der Künstlersozialversicherung versichert sein muss oder kann. Der zweite ist die Frage für den Veranstalter, ob er Künstlersozialversicherungsabgaben entrichten muss.

12.2 Der Kreis der Versicherten

In der Künstlersozialkasse sind all diejenigen versichert, die künstlerisch oder publizistisch tätig und selbständig sind und diese Tätigkeit erwerbsmäßig ausüben und dabei Einkünfte von mindestens 3.900,00 € im Jahr erzielen. Darüber hinaus darf der Künstler oder Publizist nicht mehr als einen Arbeitnehmer beschäftigen, es sei denn die Beschäftigung erfolgt zur Berufsausbildung oder ist geringfügig.

Künstler im Sinne der Künstlersozialversicherung ist, wer Musik ausübt oder darstellende Kunst schafft oder in diesem Bereich tätig ist. Publizist ist, wer als Schriftsteller, Journalist oder in anderer Weise publizistische Tätigkeit ausübt. Die Künstlersozialkasse hat darüber hinaus einen Berufsgruppenkatalog (www.kuenstlersozialkasse.de) erstellt, der als Orientierung bei der Frage der Feststellung der künstlerischen Tätigkeit herangezogen werden kann.

12.3 Versicherungsfreiheit

Da es sich bei der Künstlersozialversicherung um eine Pflichtversicherung handelt, die immer dann greift, wenn es sich bei dem Versicherten um einen Künstler oder Publizisten handelt, der die sonstigen Voraussetzungen des Künstlersozialversicherungsgesetzes erfüllt, ist nur unter bestimmten Bedingungen eine Versicherungsfreiheit möglich.

Eine Rentenversicherungsfreiheit kommt in Betracht, wenn Künstler oder Publizisten ein zusätzliches Einkommen haben und deshalb ohnehin für das Alter abgesichert sind, insbesondere, wenn ihr Einkommen die Hälfte der Beitragsbemessungsgrenze überschreitet.

Eine Versicherungsfreiheit in der Kranken- und Pflegeversicherung besteht dann, wenn der Künstler oder Publizist nicht des Schutzes des Künstlersozialversicherungsgesetzes bedarf. Dies ist unter anderem dann der Fall, wenn er anderweitig versichert oder nach allgemeinen Grundsätzen versicherungsfrei ist.

Von der Krankenversicherung können sich Berufsanfänger und Besserverdienende befreien lassen.

12.4 Abgabepflichtige Unternehmen

12.4.1 Katalog- und „Nicht-Katalog“-Unternehmen

Die abgabepflichtigen Unternehmen sind in § 24 KSVG geregelt. Es handelt sich dabei um die folgenden Unternehmen:

- Buch-, Presse- und sonstige Verlage,
- Presseagenturen (einschließlich Bilderdienste),
- Theater (ausgenommen Filmtheater), Orchester, Chöre und vergleichbare Unternehmen,

  Voraussetzung ist, dass ihr Zweck überwiegend darauf gerichtet ist, künstlerische oder publizistische Werke oder Leistungen öffentlich aufzuführen oder darzubieten,
- Theater-, Konzert- und Gastspieldirektionen sowie sonstige Unternehmen, deren wesentlicher Zweck darauf gerichtet ist, für die Aufführung der Darbietung künstlerischer oder publizistischer Werke oder Leistungen zu sorgen,
- Rundfunk, Fernsehen,
- Hersteller von bespielten Bild- und Tonträgern (ausschließlich alleiniger Vervielfältigung),
- Galerien, Kunsthandel,
- Werbung (einschließlich Öffentlichkeitsarbeit) für Dritte,
- Varieté- und Zirkusunternehmen,
- Museen,
- Ausbildungseinrichtungen für künstlerische oder publizistische Tätigkeiten.

Gehört das Unternehmen zu einem der in § 4 KSVG genannten, ist weitere Voraussetzung, dass die Tätigkeit mit einer gewissen Regelmäßigkeit und Nachhaltigkeit ausgeübt wird. Dieses Erfordernis ist erfüllt, wenn jährlich zwei bis drei Veranstaltungen ausgerichtet werden (Bundessozialgericht SozR 3-5425, § 24 Nr. 10, BSG NJW 1998, Seite 1430).

Das Unternehmen muss mit Einnahmeerzielungsabsicht handeln. Nicht erforderlich ist, dass das Unternehmen mit Gewinnerzielungsabsicht handelt (BSG NJW 1998, Seite 1430).

Gemäß § 24 Abs. 2 KSVG sind zur Künstlersozialabgabe ferner Unternehmen verpflichtet, die nicht nur gelegentlich Aufträge an selbständige Künstler oder Publizisten erteilen und deren Werke oder Leistungen für Zwecke ihres Unternehmens zu nutzen, wenn im Zusammenhang dieser Nutzung Einnahmen erzielt werden sollen.
Eine nicht nur gelegentliche Erteilung von Aufträgen in diesem Sinne liegt nicht bereits dann vor, wenn in einem Kalenderjahr lediglich zwei Veranstaltungen durchgeführt werden, in denen künstlerische oder publizistische Werke oder Leistungen aufgeführt oder dargeboten werden. Das Bundessozialgericht hat aus dieser Regelung gefolgert, dass eine Abgabepflicht dann besteht, wenn das Unternehmen mehr als zwei Veranstaltungen im Jahr durchführt (BSG NJW 1998, Seite 1430).

12.4.2 Bemessungsgrundlage

Bemessungsgrundlage der Künstlersozialabgaben sind die Entgelte für künstlerische oder publizistische Werke und Leistungen, die ein zur Abgabe Verpflichteter im Rahmen der in § 24 KSVG aufgeführten Tätigkeiten im Laufe eine Kalenderjahres an selbständige Künstler oder Publizisten zahlt, auch wenn diese Personen selbst nicht versicherungspflichtig sind. Der zur Abgabe Verpflichtete hat bis zum 31. März des Folgejahres der Künstlersozialkasse auf einem Vordruck der Kasse die Summe der Beträge zu nennen. Anschließend teilt die Künstlersozialkasse dem zur Abgabe Verpflichteten in einem Abgabebescheid den zu zahlenden Betrag mit, der sofort fällig ist.

12.5 Rechtsschutz

Entscheidungen der Künstlersozialkasse sind Verwaltungsakte. Es ist daher möglich, diese mit einem Widerspruch anzugreifen. Ergeht dann ein sogenannter Widerspruchsbescheid, besteht die Möglichkeit einer Klage vor dem Sozialgericht.

Checkliste	
Die Künstlersozialkasse ist eine Sozialversicherung für selbständige Künstler und Publizisten, die Kranken-, Pflege- und Rentenversicherung umfasst.	❑
Die Beitragshöhe bestimmt sich nach der Künstlersozialabgabeverordnung.	❑
Zu dem Kreis der Versicherten zählen selbständige Künstler und Publizisten.	❑
Der Kreis der abgabepflichtigen Unternehmen ist in § 24 KSVG geregelt. Unternehmen, die nicht in diesem Katalog aufgeführt sind, können abgabepflichtig werden, wenn sie mehr als zwei Veranstaltungen pro Jahr durchführen.	❑
Die Bemessungsgrundlage sind die Entgelte für künstlerisch publizistische Werke/Leistungen, die ein zur Abgabe Verpflichteter im Rahmen der in § 24 KSVG aufgeführten Tätigkeiten im Laufe eines Kalenderjahres an selbständige Künstler oder Publizisten gezahlt hat.	❑
Gegen Bescheide der Künstlersozialkasse ist der Rechtsweg zu den Sozialgerichten offen.	❑

Kontrollfragen

Welche Versicherungen werden von der Künstlersozialversicherung mit umfasst?

Wer kann sich bei der Künstlersozialversicherung versichern?

Welche Unternehmen sind zur Entrichtung von Künstlersozialabgaben verpflichtet?

Welche Bemessungsgrundlagen bestehen für die Künstlersozialabgaben?

Welche Möglichkeiten gibt es, sich gegen Entscheidungen der Künstlersozialkasse zur Wehr zu setzen?